南無本師釋迦牟尼佛

本師釋迦牟尼佛 偈讚

俱胝圓滿妙善所生身

成滿無邊眾生希願語

如實觀見無餘所知意

於是釋迦尊主稽首禮

至尊彌勒

大慈恩譯經基金會館藏　洛杉磯福智基金會、北加福智基金會迎請

至尊彌勒 偈讚

大慈火燒瞋恚薪

智慧光滅無明暗

紹法王位眾生怙

住兜率尊誠頂禮

二世妙音笑大師

大慈恩譯經基金會館藏　張絿維、陳拓維闔家迎請

二世妙音笑大師 偈讚

雪域智哲咸攝受

住持深廣教授藏

法王成熟度具緣

無畏王足誠祈請

三世貢唐・寶教法炬大師

三世貢唐·寶教法炬大師 偈讚

珍寶佛智火晶界，

照開顯密教蓮園，

滅眾心闇最勝炬，

上師文殊誠祈請。

宗義寶鬘

造論／妙音笑・寶無畏王大師、貢唐・寶教法炬大師

總監／真　如　主譯／釋如法　主校／釋性忠　審義／釋性浩

大慈恩・月光國際譯經院

གྲུབ་མཐའ་རིན་ཕྲེང་།

《宗義寶鬘》譯場成員

五大論譯叢總序

　　佛典浩瀚深邃，其智慧與慈悲千百年來穿越歷史，凝眸當代。為生命者，無不希望除苦，無不希望得到快樂，而除苦引樂之方便，雖多如牛毛，細不可數，然立足於解決眾生因無明障蔽而產生的生死之痛，指出所有痛苦皆可除，所有快樂皆可得者，唯佛陀爾。

　　最徹底無餘地去除痛苦之法，所有的快樂皆能修成之法，即是三藏要義，為法寶。以佛為師，依其教法而修學，浩浩然千古不變，高僧大德輩出於世，燦如日月，美如星河，抒寫出人類對於幸福追求的頌歌，千經萬論，如金鼓鳴響史冊，法音流轉，三千驚歎，群蒙得潤。

　　佛陀為了利益一切有情而發菩提心，三大阿僧祇劫積聚資糧，終成正覺，其間四十九載宣說法要孜孜不倦。佛法弘傳至今兩千餘年，漫長歲月中，無量有情依仰著佛陀宣說的教法，而得到從人天善果到不可思議成就的種種饒益。因此寂天佛子說：「療苦唯一藥，眾樂出生處，聖教願恆住，受供養承事。」至尊法王宗喀巴大師也曾說過：「世尊事業中，語事為最勝。又復因於此，智者隨念佛。」佛陀的教法，實是欲解脫者唯一舟航，是

欲竭生死海者殷殷渴盼的無死甘露，是這個世上最為珍貴稀有的無價寶藏。

　　為導眾生，世尊示現十二事業，成道之後，由於所化機根性不同，宣說了八萬四千法蘊。而八萬四千法蘊又可以攝入三轉法輪之中。初轉法輪有《法輪經》等，以小乘行者為主要所化機，而宣說四諦等等的內涵；中轉法輪有《大般若經》等，以大乘中觀師為主要所化機，宣說諸法無相的內涵；後轉有《解深密經》等，以大乘唯識師為主要所化機，宣說了三無自性性等的內涵。世尊般涅槃之後，阿難、鄔波離、大迦葉尊者，分別結集世尊的語教經律論三藏，一代釋迦教法，於焉集成而傳於世。

　　三藏雖傳，然而後世學人，如何從浩瀚的佛語當中，抉擇出一條所有補特伽羅都必經的成就之路？佛陀所說的法要，如何化為行持的準則？佛法當中的猶如金剛鑽石般璀璨的核心見地——無我空見，其正確的闡述為何？如何闡述？次第為何？三藏當中所說的種種法相，其嚴密的定義為何？佛法當中種種的立宗，應當以怎樣的理路去研習、證成？後世歷代教法傳持者，雖隨著眾生的根機，分別形成了有部、經部的小乘論宗，及中觀、唯識的大乘論宗，然而無不遵循著這些重要的議題，深入地探討佛語而製疏造論。龍樹菩薩、聖天菩薩、馬鳴菩薩、清辨論師、佛護論

師、月稱論師、月官論師、獅子賢論師、觀音禁論師、寂天佛子、無著菩薩、世親菩薩、安慧論師、功德光論師、釋迦光論師、聖解脫軍、陳那菩薩、法稱論師、天王慧論師、釋迦慧論師等等，這些祖師們留與後人的論著，為我等學人開示佛語的密意，指示趣入三藏的光明坦途，為探索三藏要義者前路的燈塔、頭頂的星辰。因此諸大論師們被譽為開大車軌師，或持大車軌師、贍洲莊嚴，成為難以數計的學人隨學的光輝典範。

當印度的正法如日中天之時，遠在漢地的高僧，為了探尋佛法的真義，而前往西域者，不知凡幾。如五世紀初的法顯大師、法勇大師，七世紀的玄奘大師、義淨大師等，或走陸路，翻越雪山臥冰而寢，攀爬數日無處立足的峭壁，不顧生命，勇悍穿行千里無人的沙漠。或走海路，相約同志數十人共行，臨將登船，餘人皆退，唯己一人奮勵孤行。古來的求法高僧，以寧向西行一步死，不向東土半步生的毅志，終將三藏傳譯漢土。而藏地自七世紀以來數百年間，諸如吞彌桑布札、惹譯師、瑪爾巴譯師、寶賢譯師、善慧譯師，也都是冒著熱病瘴毒，將生死置之度外，前往印度求法。於是才將三藏經續及諸大論師的論著，大量傳譯至藏地。由於先輩譯師們追求正法的偉大行誼，佛陀的教法，才能廣佈於遙遠的國度，而形成如今的北傳、藏傳佛教。

時遷物移，印度佛法至十二世紀令人痛心地消失殆盡。如今，保留著最完整的印度祖師佛法論著的語系，已不是印度本土的梵文，也不是巴利語系，而是藏語。藏族譯師，經過近千年的努力，譯出的印度祖師論著多達三千多部，約二百函。不計禮讚部及怛特羅部，也有近七百部。藏族譯師，不僅譯出了大量的印度祖師論著，諸大教派各成體系，對於這些論藏做了深入地研習。其中顯教法相的部分，以噶當、薩迦二派諸師為主要傳持者。至十四世紀，宗喀巴大師降世，廣學經論注疏，結集各派之長，為諸大論典作了詳明的註解，尤就其甚深難解之處，清晰闡釋，為學人奉為頂嚴。其高足賈曹傑、克主傑、根敦主巴，也依著宗喀巴大師之說，而造論著述，為格魯派後學奉為準繩。宗喀巴大師創建甘丹寺祖庭之後，至第三代法台克主傑大師，始創建法相學院，漸漸在諸大論著之中，確立《釋量論》、《現觀莊嚴論》、《入中論》、《俱舍論》、《戒論》為主軸，從而含攝其餘眾論的學習體系。其後三大寺中各學派的論主——色拉杰尊巴、班禪福稱、袞千妙音笑等，又依宗喀巴大師父子的著作，再造五部大論的著釋，而形成三大學派。至五世勝王時期，成立正式的五部大論格魯大考的哈朗巴格西考核制度，五部大論的研習制度，從此完備，延續興盛了數百年，並且擴及四川、青海、甘

肅、雲南、拉達克、內蒙、外蒙等區域。涵蓋了這麼廣大的地區，經歷了這麼多的世代，五部大論的修學體系，令人驚歎地成為這世界上最為完備的佛法修學體系。

五部大論中，以《釋量論》作為首先學習的內容。法稱論師所造的《釋量論》對於因明之學做了詳盡的闡述。《藍色手冊》中，就記載有「成辦一切士夫義利的前行就是量論」的說法。學人先學習《釋量論》的內容，訓練自己的理路，如造一艘大船，可乘之航行無邊大海。一旦熟練地掌握理路論式，以及各種法相，即可運用這些辨析的方式貫穿整個五大論的學習。因此，《釋量論》成為五部大論中第一部學習的論典。由於《釋量論》的內容極為艱難，藏地的祖師們慈悲開出了《攝類學》、《因類學》、《心類學》三科，作為《釋量論》的前行課程，以幫助後學進入精彩的思辨聖殿，以窺真理之光。進而廣展雙翼飛越難點高峰，而遊於甚深理之虛空。

五部大論中的第二部《現觀莊嚴論》，為五部大論中的主體核心論典。《現觀莊嚴論》為至尊彌勒所造，闡述經中之王《般若經》，是學習般若的快捷方便。《現觀》透過三智、四加行、果位法身等八事，來開闡《般若經》中所隱含的三乘行者修行的完整次第。在正規的學程中，必須經過六到八年的時間來研習本

論。並且在前行課程中，學習七十義、地道、宗義，過程中學習附帶的專科《二十僧》、《辨了不了義善說藏論》、《十二緣起》、《禪定》。至此，學人猶如入海取寶，琳瑯滿目，美不勝收，心船滿載智慧寶藏。

五部大論中的第三部《入中論》，為應成派的月稱菩薩闡述中觀空見的論典，專門闡述龍樹菩薩解釋《般若》顯義空性的《中論》，為五部大論中，探討大乘空見最主要的論典。猶如皓月當空，朗照乾坤，為諸多探討空性者，指示正道，令離疑惑及怖畏，萬古深恩，令人銘感五內。《中觀》常與《現觀》合稱，被並列為五部大論中最為重要的兩部，交相映輝，光灑三千。

五部大論中的第四部論著《俱舍論》，為世親菩薩所造的小乘對法論著。此論對於佛法中的種種法相，做了全面性的歸納及細緻探討。猶如收藏百寶之室，若能登堂入內，大可一覽天上天下眾多珍奇。

五部大論中的最後一部《戒論》，為功德光論師對《根本說一切有部毗奈耶》的攝要，詮說共乘別解脫戒的內涵。皎潔戒光，通透論典，令人一閱，遍體遍心清涼，實為濁世不可多得的解脫妙藥。

諸多教授五部大論的師長都曾傳授這樣的教授：五部大論以

詮說總體修行次第的《現觀》為主體，以《釋量論》作為學習《現觀》的理路，以《中觀》作為《現觀》中空見的深入探討，以《俱舍》作為《現觀》的細分解說，以《戒論》作為《現觀》的行持。學習《釋量論》重在論辯；學習《現觀》重在廣泛閱讀，架構整體佛法次第綱要；學習《中觀》重在體悟空性正見；學習《俱舍》重在計數法相；學習《戒論》重在持守律儀。至尊上師哈爾瓦・嘉木樣洛周仁波切，在《法尊法師全集序》中，也以五部大論如何含攝經律論三藏要義、大小二乘要義、三轉法輪要義、四部宗義要義、二勝六莊嚴論著要義五個角度，闡述格魯派學制為何以五大論作為顯乘修學的主體內容。從這些內容當中，我們可以認識到，五部大論對於令學人掌握整體佛法修學，有著怎樣的超勝之處。

　　漢藏兩地，各經近千年的佛經翻譯歷史，二者璀璨的成就，可謂相得益彰。漢地的《大毗婆沙論》、《大智度論》、《四阿含經》，為藏地所缺。而漢地則在五部大論的翻譯以及闡述方面，未如藏地完備。如《現觀莊嚴論》，在法尊法師之前，漢土幾不聞此論。因明部分，漢地先前只有《因明正理門論》等少數論著，至於《集量論》、《釋量論》、《定量論》等，也是到了法尊法師時才譯出的。《中論》雖早有漢譯，且有《青目釋》、

《般若燈論》等印度釋論及本土三論宗的著述，然瑜伽行自續派及中觀應成派的論典，猶多付之闕如。《俱舍》一科的論著，漢地較為完備，然印度釋論如《王子疏》、《滿增疏》，藏地論著如《欽俱舍釋》等，於漢土亦不無補益。律論方面，由於漢藏兩系所傳系統不同，因此藏地所依的一切有部律，漢地除了有義淨大師譯的《根本說一切有部毗奈耶》之外，並沒有一切有部律的論著。這方面，藏系中的印藏論著，同樣可以完善漢系中的空缺。

　　五部大論相關的藏譯印度論著，合計起來，至少有一二百部。這些印度論著傳入藏地之後，歷代藏地祖師為之注釋，其論典更是在千部之上，其中不乏有眾多數十萬字的巨製大論。蒙族在五部大論的學修方面，與藏族難分上下，而蒙族對於五部大論著有注釋的論著，也都以藏文形式保存著。總合藏文五部大論體系論著的數量，幾乎與漢地現有的《大正藏》相等。如此巨大而珍貴的寶藏，數百年來就非常活躍地流傳於藏地，卻不為比鄰的漢人所知。直到近代，法尊法師譯出數部重要的論著，如《釋量論》、《集量論》、《現觀莊嚴論》、《辨了不了義善說藏論》、《入中論》、《入中論善顯密意疏》、《入中論善顯密意鏡》、《阿毗達磨俱舍釋開顯解脫道論》等，漢土的有情方有機

緣得以見聞此諸教典。法尊法師為藏譯漢的譯師先驅，引領著我們。

　　恩師上日下常老和尚，經過多年親身的修學歷程，深刻地體悟到，學習佛法，絕不可逾越聞思修三者的次第。而要修學圓滿的佛法，必須在最初階段，對教典進行完整的聞思。因此恩師對廣大的信眾學員，致力弘揚《菩提道次第廣論》，對於內部的僧團，更是從一九九四年起，開始招收沙彌，延請師資，教令學習古文、藏文，作為未來學習五部大論、翻譯經典的準備。二零零四年恩師示寂至今，福智僧團的學僧們，依舊秉持著恩師的遺願，十餘年如一日，艱辛地完成五部大論的學程。並且在寺院中，開設了十多個藏文五部大論的學習班級，近期也開始翻譯，以中文的方式教授五部大論。雖然，如今我們開始起步所翻譯的教典，只是滄海一粟，但卻也是宏偉譯經事業的巨輪莊嚴啟動。譯師們滴滴心血凝聚譯稿，寒暑往來，雖為一句經文，皓首窮經亦無憾。在此祈請上師三寶加持，龍天護祐，相信藉由祖師佛菩薩的願力、僧眾們的勇猛精勤力，這些廣大的教典，能成為漢地有緣眾生的豐盛法宴！以濟生死貧窮，以截人法二執苦根，三界火宅化為清涼無死佛國，是吾等所盼！

2017 年 10 月 15 日 真如於加拿大敬書

編輯凡例

一、本書之藏文原本，分別依據《二世妙音笑大師文集》及《三世貢唐大師文集》譯出，並參校異本，擇善而從。參校所依之版本，請參見「校勘體例說明」。

二、本書所譯法相名詞，主要依據玄奘大師與法尊法師之翻譯用詞，及其他漢傳古譯法相詞彙。漢傳法相所無者，則依藏文直譯。

三、文中所附注釋，說明引文出處、人物生平、法相名詞及難解義理。以上標數字於該文句後標示序號，注釋內容以隨文註呈現。

四、文中所附校勘，為參校不同藏文版本之出校結果，使讀者即使未諳藏文，亦能讀到不同版本的差異處。以中括號數字於該文句後標示序號，校勘內容統一附於書末校勘表中。

五、文中章節編號、章節標題、上標科判數字，以及上下引號等標點為原文所無，係翻譯過程中加入，旨在幫助讀者易於分辨、理解正文。

六、本書雖經反覆審校，然詞義舛誤，掛一漏萬之處在所難免，
　　懇祈博雅碩學、十方大德不吝斧正是幸！

校勘體例說明

一、本書所依據之版本

(一)《宗義建立·寶鬘論》

1. （底本）二世妙音笑大師文集本（簡稱果芒本）：《二世妙音笑大師文集》第 6 函，印度果芒僧院圖書館，2019 年

2. 拉卜楞寺長函本（簡稱拉寺本）：《二世妙音笑大師文集》第 6 函，拉卜楞寺木刻版長函，1999 年

3. 塔爾寺函本（簡稱塔爾本）：塔爾寺木刻版長函，中國青海：塔爾寺，年份不詳。

(二)《四部宗義承許方式等各類問答言教甘露滴鬘》

1. （底本）貢唐·丹貝仲美文集本（簡稱果芒本）：《貢唐·丹貝仲美文集》第 3 函，印度：果芒僧院圖書館，2016 年。

2. 拉卜楞寺長函本（簡稱拉寺本）：《貢唐·丹貝仲美文集》第 3 函，拉卜楞寺木刻版長函，1990 年代。

3. 雪印經院長函本（簡稱雪本）：《貢唐·丹貝仲美文集》第 3 函，拉薩：雪印經院木刻版長函，2000 年。

4. 民族出版社本（簡稱民族本）：《貢唐‧丹貝仲美文集》第 3 函，北京：民族出版社，2003 年。

二、校勘原則

1. 凡漢文無法顯示版本歧異者，概不出校。

2. 各本僅出校異於底本者。

3. 底本於義理有誤者，依他本修正。

　例：**動搖**　果芒本原作「捨棄」（འདོར），拉寺本及塔爾本皆作「動搖」（འདར），按上下文義推斷，應以拉寺本及塔爾本為是，故改之。

4. 他本異於底本，且於義理明顯有誤者，則出校說明。

　例：**勝者大雄**　拉寺本作「勝大雄」（རྒྱལ་དམ་པ），按上下文義推斷，應誤。

5. 他本異文較於底本為善者，則依他本修正。

　例：**作為主要所修**　果芒本原作「作主要所修」（བསྒོམ་བྱའི་གཙོ་བོ་བྱས），拉寺本、塔爾本作「作為主要所修」（བསྒོམ་བྱའི་གཙོ་བོར་བྱས），文義較通順，故改之。

6. 他本有異於底本，然義理無誤，無優劣對錯者，則出校說明。

　例：**起初**　拉寺本、民族本作「頭」（མགོ）。

宗義寶鬘　目錄

宗義寶鬘暨宗義問答合刊譯序

　　大乘佛法的內涵，固然博大精深，但是其中的綱要、核心、主幹，可用「悲、智」二者來含括。悲心，含括了意樂方面的修持。一位行者，唯有具足了圓滿的大悲心、為利眾生願成佛的菩提心，才可能有足夠的動機，不為一己的解脫，而是為了所有的有情都能達到最究竟的離苦得樂而修學正法，因此不顧時劫的曠遠，不計行道的艱難，不著解脫的安樂，一味地追求最高的境界，不到目標，千生萬死也不停下步伐。

　　雖然擁有了圓滿的大悲心，有足夠的動機去尋求一切眾生解脫之道，但是僅此仍然無法解決自他生死的問題。因為一切眾生輪轉生死，以及領受苦果的根源，來自於無明——對於事物顛倒的執取認知，而真正能解決所有痛苦的源頭就是智慧。此如龍樹菩薩所說：

　　「慧為見不見，一切功德本，為辦此二故，應當攝受慧。

　　　明是求法義，及大解脫本，故應先敬持，大般若佛母。」

　　正因如此，希求救度一切眾生的菩薩，一定會踏上尋求智慧的道路。

　　智慧，是分辨抉擇諸法的心識。諸法無盡，探索諸法的智慧

也必然無盡。然而若以大綱來統攝的話，就如《中論》所說的：

「諸佛依二諦，為眾生說法：一以世俗諦，二第一義諦。

若人不能知，分別於二諦，則於深佛法，不知真實義。

若不依俗諦，不得第一義；不得第一義，則不得涅槃。」

誠如龍樹菩薩所言，最終能令自他眾生解脫的方便只有一條路：現證諸法性空的智慧，這也就是諸大經論當中所說的無二解脫門。而要了解勝義諦——空性，又必須依著對於世俗諸法的了解。世俗諦與勝義諦二者就如事物的一體兩面，勝義諦——無我性空，是事物最為究竟的本質；世俗諦則是事物表面上顯現出來的樣貌，二者的面向雖然迥異，卻是同一體性。正因為二諦是一體兩面，因此在二諦上，只要一者的安立方式是不正確的，另一者的安立方式也就必然不正確。一旦知道如何正確地了解二諦，就是獲得解脫的根本。因此，諸大論師在智慧之學上，無不務於如何正確地理解二諦。而各派對於二諦的認知、分判、修持的學說，即是各宗的宗義之學。

佛陀雖然確認二諦是最主要需認知的內涵，然而因應不同根機所能接受的程度，佛陀在不同的經典當中，說出了不同層次的二諦之說。對於二諦的安立方式，就如同對於一個目標精準校對的過程，一旦有所過與不及，就會落入斷邊與常邊——把一些存

在的事物當成是不存在的、把一些不存在的事物當作是存在的。佛陀依照不同的根器，所說出的二諦之說，基本上可以分成婆沙、經部、唯識、中觀四大宗義，後世隨學佛陀的宗義論師，也依著佛陀在不同的經典中所說的二諦之說，開展出現今所知的四部宗義。

　　對於二諦，四部宗義都依據自己所本的經典而提出了各自的解釋方式，並且認為其他的宗義都未達到中道，而落入了常斷二邊，唯有自己的宗義才符合中道，與事實相吻。每一部宗義背後都有一個完整的理論體系，因此每個宗義之間都曾有過非常漫長的辯論過程。在印度佛教各宗弘傳的階段，四部宗義孰高孰低、孰是孰非並沒有一定的定論，即便在大乘弘傳的中心——那爛陀寺，對於中觀唯識兩大體系的高低優劣，也沒有共識的定論，而這一局面，在藏地卻有了改觀。

　　就像前文所說的，二諦的論述是對於事實描述的精準校對，佛法當中的無我或性空，到底無了什麼、空了什麼，就是最主要探討的內容。四部宗義在這個問題上，對於無我性空所空無的界定範圍有廣狹之分。有的宗義空無的範圍較大，承許此種宗義的宗義論師，會認為其他宗義對於無我性空所空無的界定範圍過狹，以致對於諸法的增益破除得不夠徹底，因此無法解脫，這就

是落入常邊——把不存在的事物當成存在的。相對地，認為無我性空所空無的範圍較狹的宗義論師，也會覺得承許空無的範圍較大的宗義論師所提到的無我性空破得太過，因此他們認為，這種破得太過的無我性空不合事實，是不存在虛構之物。而從這個角度而言，承許空無的範圍較大的宗義論師，會認為其他的宗義論師不承許真正的無我性空是存在的，因此這些宗義也都落入斷邊——把存在的事物當成不存在的。反之承許空無的範圍較狹的宗義論師，對於其他宗義也會有類似的看法，認為其他宗義落入了常邊與斷邊。

雖然每個宗義都會認為其他宗義落入常邊與斷邊，只有自己對二諦的論述是合乎中道的，但是四部宗義基本上可以用「無我性空所空無的廣狹」來做區分。藏地的四部宗義，即是以此作為脈絡來排列四部宗義的高低次第。小乘宗義所屬的婆沙、經部，只承許人無我，不承許法無我；大乘宗義中的唯識不承許諸法無諦實，只承許三性中的遍計所執是無諦實；中觀承許一切諸法無諦實，而其中的中觀自續派雖然主張諸法無諦實，但是有自相；中觀應成派則承許諸法無諦實也無自相。承此脈絡，藏地的宗義論著，大多以婆沙、經部、唯識、中觀自續、中觀應成作為宗義的高低次序而作編排。這種有共識的宗義判定，是藏地特有的一

個現象。

　　藏地這種共識，很有可能是受阿底峽尊者的影響。阿底峽尊者為藏地所有教派共尊的祖師，在印度同樣也是十八部派共同的頂嚴。在印度當時，尊者的地位被視同龍樹菩薩。這樣一位學通各宗的大師，最終仍以中觀應成作為其歸宗。尊者到藏地時，大多數藏人便已經以中觀師自居，然而經尊者詢問之下，絕大多數人都未領會中觀見的扼要處，甚至連唯識見也未必能理解。對於當時情況，透過以下這幾段《阿底峽普稱傳》的記載便可略見一斑：

　　「尊者說：『別說中觀見，就算為你們講唯識你們也無法容受。』尊者問說：『你們中觀師是怎麼舉幻化喻的？』西藏的法師們說：『在木石上施下眼咒，顯現為牛馬，是這麼舉喻的。』尊者失望地笑著說：『藏人見地太低劣了啊！這是唯識以下的宗規。』大家問道：『那麼中觀師是怎麼承許的？』尊者說：『就像只要施下眼咒，就會在天空中見到牛馬等種種顯現。這樣的顯現也只是種種的顯現，除此之外，錯亂事在世俗中也不被承許。』尊者來到之前，藏地的人都承許所持的見解都是中觀見，等到尊者來了之後，一問之下，所有人都沒有達到中觀，看來都是錯誤的。舉法王在當時的見地是很高的，向尊者請問過後，尊

者說：『見地太低劣了啊！達摩惹雜也是持唯識見的。』」

「格西敦巴向尊者呈稟月稱派軌的證悟，尊者合掌向著東方說：『現在印度東方都只持此見，藏地能有像你這般偉大的有情，真是福報不小。看來我是沒有必要來這了。』」

從這些記載當中可以窺見兩點：

● 阿底峽尊者認為中觀應成的見地最為究竟，唯識已屬次下的見解，小乘二部的見解就自不待言了。

● 藏人雖然大致上有同樣的認識，但是對於中觀，甚至對於唯識都很難有精準的掌握。

這樣的判定出自於印度佛教頂嚴阿底峽尊者之口，其中深義非常值得深究。首先，即便我們很難認定四部宗義到底孰高孰低、孰是孰非，但是從一代佛教頂嚴，諸宗共主的祖師口中，我們可以得到初步的認識。

其次，雖然我們可能知道四部宗義見地的高低之別，但不意味著我們能夠很容易地掌握這些上部宗義的精髓，甚至要徹底了解下部宗義的內涵都不是一件容易的事。尤其一旦我們認定四部宗義中，對於空性所破破得較廣的宗義是較高的宗義之後，就非常容易落入一個歧途：破得越乾淨，見地就越高。對於所謂的下部宗義，一概不屑。以致認為世俗諸法都不存在才是最徹底的中

觀見。這種情況，幾乎是不分地域的普遍現象。

希求究竟的見地，是一個正確的追求。但是沒有深入的研習，便偏執地認為下部宗義不可取，諸法空無就是上上的見地，這種見解，比下部宗義不究竟的空性見更加險惡。因此祖師們都一再地教誡：「寧可著有如須彌山，不可著無如芥子許」。對於空性的所破破不究竟，最多只是不能獲得解脫而已；但是執空太過，以致毀謗世俗諸法，則必定墮落無疑。

阿底峽尊者曾說過：「在印度，一百個人之中只有一個執宗義論師，一百個執宗義論師當中只有一個內道師，一百個內道師之中只有一個大乘者。」從這段話可以看出，要成為一個大乘宗義論師，甚至一位不是內道的宗義論師，都不是一件容易的事情。沒有經過長久的研習，很難掌握住宗義的要點。《金剛藏釋》中說：「第五非佛意」，意指佛教宗義必定是四部宗義之一，沒有第五宗義。一旦跨越了這四宗，就完全不屬於佛教宗義。因此，如果希望能夠執持佛教宗義，對於四部宗義的研習必不可少。

藏地經過噶當、薩迦、夏魯、格魯等諸派歷代祖師的深研、著述、講習，四部宗義的論述也越趨成熟。格魯派的開宗祖師宗喀巴大師，對於中觀應成、自續，以及唯識諸宗，各自承許的界

限何在、差別為何，在《辨了不了義善說藏論》、《入中論善顯密意疏》、《中論廣釋》、《意與阿賴耶難處廣釋》等都作了非常精闢的闡述，令各宗宗見不再隱晦、相互混淆。雖然宗喀巴大師沒有專門針對宗義的論著，但是格魯各大學派都有依宗喀巴大師論述而編撰的宗義專著。舉凡色拉傑尊巴、班禪福稱大師、果芒妙音笑大師、色拉昧名稱講修大師、克主教興大師等，都有教本級的宗義專著傳世。此外，果芒學派的祖師在宗義方面也有不少大篇幅的宗義專著。如妙音笑大師的《宗義廣論》、章嘉活佛的《章嘉宗義》、土觀活佛的《土觀宗義》、貝丹法王的《宗義廣論註》，這些都是宗義論著中的鉅作。而此次翻譯的二世妙音笑大師所著《宗義寶鬘》，則是略本宗義中最為著名的一部。相較於一世妙音笑大師凡有著述必卷帙浩繁，二世妙音笑大師的著作風格，則是將博大精深的論義攝為精簡易明的教本。因此《宗義寶鬘》一書，已然是諸宗義書中，最多初學者研習宗義的入門教本了。

總體而言，藏傳佛教雖然很早就以中觀為宗，且後來的宗義書中，也都以中觀應成見作為最究竟的見解，但這並不意味著藏傳學者，尤其格魯一系，就對中觀以下各宗懷著輕忽的態度。

首先，四部宗義即使在見地上有高低之分，但是同為佛陀所

說，皆為佛陀的密意。佛陀會宣說這四部宗義，都有其必要的原因，是因為有不同的所化受眾，隨著各自根性所需而宣說的。若深究佛陀為何宣說見地不究竟的宗義，大致上可以分為兩類原因：

第一、由於許多人一旦破除了自性，就不知如何安立存在的事物，相對於破我不夠究竟而言，破我太過以致毀謗因果緣起，罪業更重。因此，在受眾沒有精準掌握性空之界限前，更重要的是建立「緣起有」的概念。有鑑於此，寧可對於我破除得不夠究竟，也要將因果緣起的見解建立得更牢固一些。最終，這反而能成為樹立空性見的基礎。

第二、由於上上宗派的宗義，對於無我性空的闡述越轉微細，越發難解，因此若從較粗顯的無我義理起步，雖然未能當下徹底明白性空真義，卻能成為進趣上上宗派的階梯。因此，下下宗派的宗義，無論在世俗諦的建立，或了解勝義諦的道途中，都產生了奠基的作用。

所以，藏傳的宗義之學，之所以會有四部宗義的次第安排，不僅僅是要顯示宗義間的高低之別，更視為建立宗見的一種次第。循此階級而上，既能避開種種風險，又能步步漸進，最終完整了解佛法宗義的全貌。而且執持上部宗義的大師，也無一不是

熟稔下部宗見者，因為唯有明晰地了解下部宗義的立破之處，才能堅固地建立起上部宗見。

因此，就像練習射擊一樣，越大的標靶要求的精準度越低，也因此越不容易打出靶外；而越小的標靶要求的精準度越高，但也越容易打出標靶之外。執持下部宗見，距離中道的緣起性空見的距離較遠，但同時理解起來較為容易，與一般的想法較為趨近，也較不容易在理解的過程中，產生毀謗因果等斷滅見的想法。反之，執持上部宗見，會更緊貼中道的緣起性空見，但同時理解起來較為艱難，更背離一般的想法，也較容易在理解的過程中，不小心就產生毀謗因果等斷滅見的危險。所以就如同練習射擊時，宜從大的靶子開始練起，直到能射中細小的目標。在建立宗見的過程中，若能採取同樣的方式，將是更為穩妥的做法。

本書除了收錄二世妙音笑大師所著的《宗義寶鬘》之外，另收錄了三世貢唐・寶教法炬大師所著的《宗義問答》。此書對於深刻理解四部宗義之間，究竟為何有此高低之分的理由，有著莫大的幫助。四部宗義除了對於空性所破的廣狹方面，有著漸進式的區分，在世俗諦的闡釋上，也有各種不同的說法。諸如是否有外境、是否有自證分、是否有一切智智等等一系列的問題，歸根究底，都與其空見有著對應的關聯。我們表面上能數出四部宗義

的高低序列，但實際上要說出下部宗義每一個說法為何為下，上部宗義的每一個說法為何為上，其實是不了了之的。甚至，下下宗派有些說法會與中間的宗派相左，卻與上上宗派相同，是否可據此就說下下宗派總體而言劣於中間的宗派，但個別有些說法優於中間的宗派呢？貢唐大師在本文中對此詳加剖析。

貢唐大師清晰地指出，每個宗義的體系，都源自某個見地發展而成。下部宗義不僅總體上見地較低，即使某些說法表面上與上上宗義吻合，但背後支持的想法仍是來自那個較低的宗見。因此會出現，下部宗義某些說法相對正確，但理由更加偏失的現象。同樣地，也有相較於下部宗義而言，較上的宗義某些說法相對錯誤，但理由更近於真理的情況。透過貢唐文殊的解說，將使得宗義之學，並非只是對不同宗義觀點的生硬記誦，而是在知其然之外，更能知其所以然。此書雖非一部完整的宗義專著，卻能使研習宗義者深入地領解宗義的內涵。因此這次出版時，特別將之譯出，附錄於後，以資學人研習。

欲趣無上正等菩提、求正解脫者，必定要經過尋求空見、樹立二諦的過程。甚者，但凡想要明了真理之人，也都必定要探索事物存在的方式與究竟的本質。在智慧之學、宗義之學上，龍樹、聖天、佛護、靜命、清辯、月稱、寂天、無著、世親、安

慧、陳那、法稱、聖解脫軍、獅子賢、阿底峽、格魯父子三尊、三大學派論主等等，越是智力過人，成就登峰造極的祖師，對此學說用力越深。是知宗義之學，事關解脫慧命，絕非各派之間徒資爭議的學說而已。般若要義，即便可以一言以蔽，卻不意味著我們能藉數言盡知其奧。佛陀為明性空之義，不懼詞繁，道出浩浩六百卷大般若經，豈無來由？歷代祖師不吝其言反覆推論，寧以好辯而廣發玄談？上觀祖師行誼，下觀當今談空者的亂相，學者誠宜發心，續正法宗統，精勤聞思。

大寶恩師上日下常和尚，上真下如上師，久遠發心，欲於末法之世，光顯正法。必令苦海如母眾生，出離生死；必令如來般若大法，不殞人間。多年以來，弘揚道次第，令我等弟子於大乘意樂長時串習，欲導我等入解脫之門，深入般若法藏。近三十年來，建立僧團五部大論學制，培養了千餘名僧才，如今又發大心，欲令俗眾能趣入般若之學，開設居士五大論學制，及今尋將開啟宗義的學習。末學恭逢盛會，得因法會因緣譯此二書。由念本傳上師傳承的深恩，於經論中、開示間殷殷的教誨，在此略敘所能憶及者，欲與即將研習本論的學人共勉，精進學修，以報師恩，慚愧冗言為序。

2022 年 10 月 17 日清晨，釋如法為序於多倫多

宗義建立・寶鬘論

ༀ། །གྲུབ་པའི་མཐའི་རྣམ་པར་བཞག་པ་རིན་པོ་ཆེའི་ཕྲེང་བ་
ཞེས་བྱ་བ་བཞུགས་སོ། །

妙音笑・寶無畏王大師 造

第一章

皈敬與總説

皈敬與總說

由於悲心的溫暖　稀有的二資糧雪[1]山融成的水流

匯聚在任運法身的大地　流淌出四部宗義的江河

事業浪濤高捲雲霄　讓外道俗子心生恐懼

千萬佛子蛟龍的津梁——能王無熱惱大池願得勝利！

紹繼佛位的怙主不敗尊

總集佛智的文殊師利尊

蒙受佛記的龍樹與無著

第二佛陀父子等皆禮敬

證達何義即能徹見內外教法的差別

能在無量無邊智者的面前守持殊勝善說的禁行

公正之士將為之樹起稀有美譽的白幡

智者有誰不去勤辨自他宗義的真義？

因此我總集了勝士的善說
為了攝受與我同等福緣者
我將概要地宣說宗義的論述
聽慧而心懷希求的人們敬請恭聽

又，不顧現世的利養、恭敬、稱頌而由衷追求解脫的補特伽羅，必須在證悟清淨無我見的方法上努力，因為如果遠離了甚深見，無論怎麼串習慈、悲與菩提心，都不能根除痛苦的根本的緣故。

就如至尊宗喀巴大師所說的[1]：「若不具足通達法性慧，縱

1 **至尊宗喀巴大師所說的**　引文出自《三主要道》。《三主要道》，共14偈，宗喀巴大師著。宗喀巴大師，格魯派開派祖師（公元1357～1419），法名善慧名稱（བློ་བཟང་གྲགས་པ）。7歲剃度，至16歲之間，在義成寶法王（དོན་གྲུབ་རིན་ཆེན）座下修學。16歲前往衛藏求法，至28歲之間，主要聞思顯教諸大論。28歲至39歲之間，廣學各種密法，專修文殊法門，親見文殊。39歲從法依賢（ཆོས་སྐྱབས་བཟང་པོ）及虛空幢（ནམ་མཁའ་རྒྱལ་མཚན）圓滿獲得道次第傳承。40歲證悟空性。46歲著述《菩提道次第廣論》。53歲啟建祈願法會，並依次建成甘丹、哲蚌、色拉三大寺。1419年示寂，世壽62歲。顯密著述共18函。重要弟子有賈曹傑、克主傑等。此頌係大師寄給其早期弟子──擦科語王名稱（ཚ་ཁོ་ངག་དབང་གྲགས་པ）之教誨，將修道核心歸納為出離心、菩提心、空正見三者。引文見《文殊怙主上師宗喀巴大師文集》對勘本冊2，

雖修習出離菩提心，不能斷除三有根本故，通達緣起之法應勤修。」

因此，為了斷除見解的歧途，並且定解粗細分無我的層次，於是概要地詮說自他宗義的論述，分為二科：一、總體說明；二、分別解說。

第一科：「宗義」這個名稱並非杜撰，因為是佛經中所宣說的緣故。如《楞伽經》中說[2]：「我法理有二：教法及宗義。教

頁287（宗喀巴大師著，印度：父子三尊文集編輯室，2019。以下簡稱《宗喀巴大師文集》對勘本）。

2 **如《楞伽經》中說** 《楞伽經》，經集部經典，全名《聖入楞伽大乘經》，共8品。漢譯本有劉宋求那跋陀羅譯《楞伽阿跋多羅寶經》4卷；北魏菩提留支譯《入楞伽經》10卷；唐實叉難陀譯《大乘入楞伽經》7卷，共三種。此經為釋尊於楞伽島中為利益羅剎之王，與大慧菩薩相互問答中，道出大乘法義。「楞伽」（Laṅkā）為一地名，義譯為難往，其地據《大唐西域記》記載為僧伽羅國駿迦山，即在今斯里蘭卡。相傳此處為十頸羅剎王所居之地，然今有學者認為「楞伽」不在斯里蘭卡。此經對漢系禪宗影響深遠，相傳達摩祖師曾以四卷《楞伽經》傳授慧可大師：「我觀漢地，唯有此經，仁者依行，自得度世。」禪宗初期以此經為修行要旨，至五祖弘忍大師以《金剛經》替代《楞伽經》，別開宗風，此經之弘傳乃逐步式微。引文劉宋求那跋陀羅譯《楞伽阿跋多羅寶經·一切佛語心品》作：「謂我二種通，宗通及言說，說者授童蒙，宗為修行者。」北魏菩提留支譯《入楞伽經·佛心品》作：「我建立二法，說法如實法；依名字說法，為實修行者。」唐實叉難陀譯《大乘入楞伽經·無常品》作：「我說二種法，言教及如實；教法示凡夫，實為修行者。」見《大正藏》冊16，頁503、547、612（大藏經勘行會編，台北：新文豐出版社，2000）。《中華大藏經甘珠爾》對勘本冊49，頁307（北京：中國藏學出版社，2001，以下簡稱《甘珠爾》對勘本）。

法示凡夫，宗示瑜伽師。」

　　另外，補特伽羅分為二種：未被宗義改變內心者與被宗義改變內心者。前者，是未研習教典，而以不觀察、不觀擇的俱生覺知，唯獨希求現世的安樂。後者，則是研習教法，而能透過教典與理路，宣說基道果的論述在自己心境中成立的道理。

　　「宗義」的字詞解釋，也如《明顯句疏》中所說的[3]：「成立的邊際[4]，是指由理路與教典善為開顯而成立自己的承許。過此則無法再向前跨越，因此是邊際。」依據教典與理路其中一者而斷定、成立的立宗之義，在自己的心境中不會從這個道理動搖[2]至餘處，所以稱為「成立的邊際」。

　　其中分為二科：一、外道；二、內道。

　　有單純的內外道差別，因為至心皈依三寶的補特伽羅是內道；心不歸投於三寶，而至心皈依世間天神的補特伽羅則是外道的緣故。

3　**《明顯句疏》中所說的**　《明顯句疏》，般若部論典，原名《般若波羅蜜多口訣現觀莊嚴論釋·明顯句論》，共8品，法友論師著，尚無漢譯。作者生卒事蹟不詳。本論主要解釋獅子賢論師所造《顯明義釋》的詞義，闡述《般若經》、《現觀莊嚴論》八事七十義的內涵。引文見《丹珠爾》對勘本冊52，頁880。

4　**成立的邊際**　即「宗義」一詞之藏文直譯。

　　也有內外道宗義論師的差別，因為可以從導師、教法與見解三種角度來區分的緣故。是如此的，因為自部都具足導師盡除過失且圓滿功德、教法不損害有情，以及見解為承許常一自主我空這三個差別；他部則都與前述相反，具足導師有過失且未圓滿功德、教法會損害有情，以及見解為承許常一自主的我成立這三個差別的緣故。

第二章

概要說明外道宗義
的論述

概要說明外道宗義的論述

　　第二科、分別解說，分為二科：一、概要解說外道宗義的論述；二、略為開展自部宗義的論述而作解說。

　　第一科：是宗義論師的一支，而且不皈依三寶並承許有其他導師的補特伽羅，這是外道宗義論師的性相。

　　這當中雖然有無邊的支分，但統攝起來，有遍入師、自在師、勝者師[5]、淡黃師[6]、木曜師五種，為著名的推理五部。也有說為根本六部，即勝論師、吠陀師、數論師、伺察師[7]、裸形師與順世師。其中前五是常見者，後一是斷見者。

5　**勝者師**　即裸形派。過去又譯作「離繫外道」。

6　**淡黃師**　即數論派。

7　**伺察師**　法尊法師譯作「觀行派」。

　　另外，勝論師與吠陀師二者，依次為食米齋仙人[8]與足目婆羅門[9]的隨行者。這二師內部的承許差別雖然略有不同，但是整體的宗義沒有差異。又，勝論與吠陀二師，承許一切所知歸納為九種實質[10]，並承許洗浴、灌頂、齋禁、供施、火供等是解脫道。

　　並說：「一旦遵從上師的口訣修習瑜伽，了知到『我是根等之外的餘事』，而見到真實性，並且證悟六句義[11]的自性時，就了知『我雖然是周遍的自性，卻沒有造作』，於是不再積聚任何法與非法之業。由於不再造集新業並消盡了宿業，所以再度受取

8　**食米齋仙人**　勝論派外道宗義導師（生卒年不詳），由於拾他人所遺米屑為食而修道，故名。

9　**足目婆羅門**　正理派外道宗義創始者（生卒年不詳），又名足目仙人。一世妙音笑大師所著《宗義廣論》提到，傳說足目仙人本名美仙，曾被大自在天任命為鄔摩天女的侍衛，鄔摩天女對他萌生戀意，現種種媚態，但是這位仙人卻只目視自己的雙足，堅守禁行，因此大自在天對他心生歡喜並賜予自在造論的悉地，所以得名「足目」，著有《正理經》傳世。正理派由於是足目仙人所創，所以也稱為足目派。

10　**九種實質**　即地、水、火、風、空、時間、方向、我、意。

11　**六句義**　為勝論派與吠陀派之根本教義，承許一切所知皆含攝於實質、功德、業、總、別、和合六者。實質如前所述有九種。功德有二十四種：色、聲、香、味、觸、數量、大小、別別、會合、支分、其餘、非餘、眼的覺知、鼻的覺知、舌的覺知、身的覺知、苦、樂、貪、瞋、法、非法、精勤、作用力。業有五種：舉起、放置、蜷曲、伸展、行走。總有二種，即如「有」周遍一切的大總，與「牛」單獨的總。別即如黑白的差別。此處和合意指能被心識正確地證達此事物在此存在的一種係屬，共有二種，即能依所依位置相異的係屬，與位置無有相異的係屬。

的身軀、根、覺知、苦樂、貪瞋等便與我分離，而不再受取新的身軀與根，因此就像薪盡之火，出生之續流斷絕，成為純粹的我，這時就是獲得解脫。」

數論師是淡黃仙人[12]的隨學者，承許一切所知數量決定為二十五種，也就是我、勝性[13]、大、我慢、五唯、十一根與五大種，共二十五種。

五唯是指色、聲、香，味、觸五者。十一根是指五覺知根、五業根與意根。五覺知根是指眼、耳、鼻、舌與皮膚諸根。五業根是指語、手、足、糞門與小便道。五大種是指地、水、火、風、空。其中士夫是心識，其餘二十四者是積聚，因此承許為物質。又承許勝性與士夫為勝義諦，其餘為世俗諦。

其中又有是因非果、因果皆是、是果非因、因果皆非四句。第一者為總勝性，第二者為覺知、我慢與五唯這七者，第三者為

---

12 **淡黃仙人** 數論派外道宗義創始者，生於劫初，以其鬚髮面色並為淡黃，故名。參見《新編佛學大詞典》冊下，頁1322（林光明監修、林勝儀彙編，臺北市：嘉豐出版社，2011）。

13 **勝性** 數論派所立二十五諦之一，又稱冥性、冥諦、勝性。數論派認為，勝性為神我所受用，為一切變異萬法之根本原因，亦即一切現象之生因。參見《佛光大辭典》，頁2524（慈怡、永本著，高雄：佛光文化，2014）。

其餘的十六者，第四者為士夫。這也如《黑自在續》中所說的：
「根本自性非變異，大等七者為自性、變異，十六者是變異，士
夫不是自性非變異。」

另外，承許根本自性、總、勝性是同義，為一具有六種特法
的所知。士夫、我、心識與明了為同義異名。

說其餘二十三種的生起方式為：當該士夫生起要受用對境的
貪欲時，根本自性就會變化出聲等各種變異。另外，從勝性產生
大，覺知與大是異名，而且承許其像個雙面鏡一般，由外現起境
的影像，由內則現起士夫的影像。從大出生我慢，而我慢分為具
變異的我慢、具心力的我慢與具昏暗的我慢三種。從第一種生出
五唯，再從五唯生出五大種；從第二種生出十一根；第三種能使
其餘二種我慢趣入。

又承許：「由於將如同有腳盲人的自性，與如同有眼跛子的
士夫二者誤認為一，不了解各種變異是根本自性所變化出來的道
理，以至於流轉輪迴。一旦聽聞了上師開示的口訣，依此強烈地
生起決定識──這些變異都只是自性所變幻而已──於是逐漸遠
離對境的貪著，那時便能依止靜慮而發起天眼通。當用神通觀看
勝性時，勝性就會像別家的女子一般，羞怯難為情地將各種變異

都收回，只剩自性獨自留存。那時，在瑜伽師的心境中就消退了一切世俗的顯現，士夫處於既無受用對境，也無作為，那時就是獲得解脫。」

伺察師為勝推度者的隨行者，增益道：「《吠陀》中所顯現的一切都是自然而成的，這是真實性。」進而承許唯有供施等才能獲得增上生的果位，且承許這只是脫離惡趣的解脫而已。然而又說：「並沒有徹底息滅痛苦的解脫，因為垢染進入了心的自性的緣故。也沒有一切智者，因為所知渺無邊際的緣故。因此，也沒有諦實之語。」

裸形師是勝者大雄[3]的隨學者，承許一切所知歸納為九義，即命、漏、律儀、定衰、繫縛、業、罪、福、解脫。其中，命是指我，如同諸士夫的身量一般而存在，具有「體性為常法，而階段中為無常」的自性。漏是指善不善諸業，因為由其力量會導致墮入輪迴的緣故。律儀能遮止漏，因為不再造集新業的緣故。

定衰是指透過不喝水與折磨身體等苦行，能消除過去所造的業。繫縛是指邪見。業有四種：後世領受業、名業、家族業、壽業。罪是指非法。福是指法。

解脫是指藉由裸身、禁語與依止五火等苦行，消除一切宿

業，並且不再造集新業，所以將趣往一個存在於一切世間頂端的處所，名為「世間聚」，形狀就像倒立著的白傘，顏色白如乳酪或君陀花，直徑四百五十萬[4]由旬。由於有性命，所以是實事[5]；而又超脫了輪迴，所以也是無實事。該處就稱之為「解脫」。就如勝者大雄所說：「勝者說[6]解脫，顏色白如雪、香、花、酪、霜、珠，形如持白傘。」

順世師認為沒有從前生來到今生，因為所謂的前生，誰也沒看見的緣故。從短暫的身短暫地形成了心，就像從短暫形成的燈火，短暫地形成了光。也沒有從今生去往來世，因為身心是實質一，所以身體壞滅時覺知也隨之壞滅的緣故。就如石頭壞滅時，石上的紋理也隨之壞滅。

因此，此派承許所量唯獨遍是自相，而量唯獨遍是現量，因為不承許共相與比量的緣故。個別有些順世師承許一切事物皆無因，而從體性中生起，他們說：「旭日東昇[7]水下流，豆圓荊棘長而尖，孔雀翎眼等諸法，絕無作者從體生。」

文間頌云：

憑恃著惡見邊界的

一切外道宗義的自性

都要善加明了而拋棄[8]

這便是走進解脫城的階梯

第三章

總體説明自部論述

總體說明自部論述

．．．

　　第二科、略為開展自部宗義的論述而作解說，分為二科：
一、總體說明；二、分別解說。

　　第一科：無等導師釋迦王佛，最初發起最勝菩提心，中間經過三無數劫積聚資糧，最後在金剛座頂[14]現等正覺。既而在瓦拉納西對五賢者[15]轉四諦法輪[16]，之後在靈鷲山轉中轉無相法輪[17]，

14　**金剛座頂**　依如月格西解釋，此處的「頂」有精華、主要之義，指在金剛座範圍中，中央核心處的菩提樹下。

15　**五賢者**　世尊成道後最初度化之五位比丘，故又稱五比丘。五比丘之名說法眾多，今擇最常見者，分別為阿若憍陳如，梵語Ājñāta-kauṇḍimya音譯。阿說示，梵語Aśvajit音譯。跋提，梵語Vāṣpa音譯。摩訶男拘利，梵語Mahā-nāman音譯。十力迦葉，梵語Bhadrika音譯。

16　**四諦法輪**　為初轉法輪，主要開示四聖諦之取捨修證，滅除貪欲出離之道的經典。

17　**無相法輪**　為中轉法輪，主要開示諸法性空的經典，如般若部諸經。

後來又在廣嚴城[18]等地大轉善辨法輪[19]，制伏了外道六師[20]等等的
一切邪說，廣弘了利樂生源的大寶佛教。

其後解釋者們各自解釋了三轉法輪的密意，依此而出現了四
部宗義論師。在這之中，說外境二部依據初轉法輪，說無性師依
據中轉法輪，瑜伽行師則依據後轉法輪而承許基道果的論述。

隨學吾等導師的宗義論師，數量決定為婆沙、經部二宗，與
中觀、唯識二宗，共四宗，因為論典中說，除了上述之外別無第
五宗義，除了三乘之外別無第四乘的緣故。就如《金剛藏釋》中

---

18 **廣嚴城** 恆河北岸的中印度都城，又音譯為吠舍離、毗耶離等。佛在世時屢屢行化
於此，嘗說《毗摩羅詰經》、《普門陀羅尼經》等，教化維摩詰、菴沒羅女等人。

19 **善辨法輪** 為第三轉法輪，以清晰闡述相無自性、生無自性、勝義無自性等三無
性義理，以及遍計所執、依他起與圓成實是否諦實成立的經典為主，如《解深密
經》、《入楞伽經》等。

20 **外道六師** 導師世尊住世時的六位外道導師，自稱一切智者。一、富蘭那迦葉
（Pūraṇa Kāśyapa），迦葉其姓，立一切之法斷滅性空，無因、無道德、眾生所造
善惡皆沒有果報。二、末伽梨拘賒梨子（Maskārī Gośaliputra），拘賒梨為其母名，
許眾生苦樂非由因緣，純為自然而生。三、刪闍夜毘羅胝子（Sañjaya Vairaṭīputra），
毘羅胝為其母名，認為不須修道，經無數生死劫後，自盡苦際。四、阿耆多翅舍欽
婆羅（Ajitakeśakambala），欽婆羅有粗衣之義，此師以苦行為主。五、迦羅鳩馱迦
旃延（Kakuda Kātyāyand），迦旃延其姓，承許諸法既是有相亦是無相，若人問是
否為有時，則答為無；問是否為無時，答為有。六、尼犍陀若提子（Nirgranta
Jñātiputra），若提為其母名，許所有苦樂罪福皆由前世所造，無法因今世修道而
滅除，唯有償還領受。參見《新編佛學大詞典》冊上，頁412。

所說[21]：「佛教師唯四，第五非佛意。」

　　自續師以下的這些自部，就應成師來看都墮入了常斷二邊，但是在各自宗派中卻都自認為是中觀師，因為他們自詡承許遠離常斷二邊的中道的緣故。此外，四部宗義論師各自有不同斷除常斷二邊的道理，因為毗婆沙[22]師說：「果出生時因已遮滅，所以斷離常邊；因終結時果即出生，所以斷離斷邊。」經部師承許：「諸有為法續流不斷地延續，所以斷離斷邊；剎那壞滅，所以脫離常邊。」唯識師說：「遍計所執諦實不成立，所以斷離常邊；依他起諦實成立，所以斷離斷邊。」中觀師承許：「一切法在名言中存在，所以脫離斷邊；在勝義中不存在，所以脫離常邊。」

　　雖然上上宗義會破除下下的不共宗義，但是現見了解下下宗義的見解，卻是了解[9]上上宗義見解的殊勝方便。因此，切莫認

21　**《金剛藏釋》中所說**　《金剛藏釋》，續部論典，原名《喜金剛釋》，金剛藏菩薩著。此論以隨順《時輪續疏》的方式解釋《二觀察續》，為喜金剛續的兩大講解傳規之一。引文見《丹珠爾》對勘本冊1，頁789。

22　**毗婆沙**　梵語Vibhāṣā，義為廣解、種種說。《玄應音義二十四》中：「毗婆沙，或言鼻婆沙，隨相論作毗頗沙。此云廣解、或言廣說。亦云種種說，或言分分說，同一義也。」毗婆沙宗由其四根本部派──一切有部、大眾部、正量部、上座部再分出十八部派，故不應將毗婆沙宗與一切有部混為一派。參見《新編佛學大詞典》冊上，頁807。

為上部宗義是最殊勝的，就憎厭下部。

　　因此，承許四法印的補特伽羅，安立為內道佛教宗義論師的性相。四法印即諸行無常、有漏皆苦、諸法無我、涅槃寂靜。如果說：「那麼犢子部[23]師承許補特伽羅我，所以就不是內道宗義論師了。」答：沒有過失，因為其所承許的我是指能獨立的實有我，而四法印中的無我是指常一自主空的無我，這是正量五[10]部也都承許的緣故。

---

23 **犢子部**　聲聞十八部派之一，由正量部所分出，或名可住子部。佛住世時，有外道名犢子，後歸佛出家，承許獨立自主之實有補特伽羅我。其門徒相續不絕，於佛滅度一百一十六年後自成一派，故名。

第四章

毗婆沙宗義的論述

毗婆沙宗義的論述

　　第二科、分別解說，分為四科：一、**毗婆沙宗義**；二、**經部宗義**；三、**唯識宗義**；四、**說無性宗義**。第一科分為四科：一、**性相**；二、**支分**；三、**字詞解釋**；四、**承許方式**。

　　第一科：不承許自證分[11]而承許外境諦實成立的說小乘宗義補特伽羅，這是毗婆沙師的性相。

　　第二科：其中可分為：迦濕彌羅毗婆沙師、日下毗婆沙師[24]、中土毗婆沙師三種。

　　第三科：世友論師有法，有他名為「毗婆沙師」的原因，因為他隨學於《大毗婆沙論》[25]而宣說宗義，或是因為他宣說三時

24　**日下毗婆沙師**　屬印度中土偏西方的毗婆沙師，古譯外國師、西方師。參見《大正藏》冊3，頁25、136。

25　**《大毗婆沙論》**　毗婆沙宗的主要論典，全名《阿毗達磨大毗婆沙論》，共十萬頌。主要闡述毗婆沙宗所承許基道果的內涵。關於成書的時間及作者，漢藏流傳說法不同。漢傳說法主要依據《大唐西域記》記載：佛滅度後四百年，部派林立、學

為實質的別相，所以稱為「毗婆沙師」[26]的緣故。

第四科、承許方式，分為三科：一、根基的承許方式；二、道的承許方式；三、果的承許方式。第一科分為二科：一、境的承許方式；二、有境的承許方式。

第一科：此宗承許一切所知歸納為五種根基，即顯現[27]色法的根基、心王的根基、從屬心所的根基、心不相應行法的根基、無為的根基。並承許這五種根基也都是實事，因為承許能作用是實事的性相，有、所知、實事等同義；無為諸法為常法的實事，

說不一，因此迦膩色迦王（Kaniska）向脇尊者（Parsva）祈請後，脇尊者等四百九十九位羅漢及世友菩薩（Vasumitra）舉行第四次結集，著述了《鄔波第鑠論》、《毗奈耶毗婆沙論》及《阿毗達磨毗婆沙論》。但現今中、日學者多認為此論成書於迦膩色迦王後，龍樹菩薩出世以前，約公元150～200年之間。而藏傳說法主要分為三種：一、在阿育王時期，於印度賓陀山（Vindhya）名優寺，由優波毱多尊者帶領五百羅漢弟子，集體著作而成；二、地點也在名優寺，但作者為主持第二次集結的阿羅漢耶舍（Yasas）等五百羅漢；三、依據克主傑大師所著的《密續總綱》：毗婆沙宗承許《大毗婆沙論》是集凡聖二眾之力著作而成，經部宗則許為未登聖位的班智達所撰。現今此論的藏文版，是由法尊法師從漢文譯成藏文。參見《新譯大唐西域記》，頁156（陳飛、凡評註釋，台北：三民書局，2003）；《中華佛教百科全書》冊2，頁701（藍吉富主編，台南：中華佛教文獻基金會，1994）；《東噶藏學大辭典》，頁1508（東噶洛桑赤烈編，北京：中國藏學出版社，2009，以下簡稱《東噶辭典》）；《多羅那他印度佛教史》，頁63；《二觀察續疏、密續總綱合刊》，頁494（克主傑大師著，印度：哲蚌果芒僧院，2013）。

26 **毗婆沙師** 意指「說別相師」或「分別說師」，意涵如同正文所說。

27 **顯現** 即是指色法。由於色法皆為根識所顯現的對境，因此將色法稱為顯現。

而色法、心識、心不相應行法三者為無常的實事。

實事遍是實質成立，但不遍是實有，因為承許勝義諦與實有同義，世俗諦與假有同義的緣故。

其中分為：一、**分為二諦；**二、**分為有漏無漏**[12]**二者；**三、**宣說其他引申義。**

第一科：被緣為「被破壞或由覺知解析別別支分[13]時，便會失去執取自己的覺知的法」，這是世俗諦的性相。事相即如陶瓶與念珠，因為當陶瓶被錘子擊碎時，便會失去執取為陶瓶的覺知的緣故；以及因為當念珠的珠子被一顆顆拆散[14]時，便會失去執取為念珠的覺知的緣故。

被緣為「被破壞或由覺知解析別別支分[15]時，不會失去執取自己的覺知的法」，這是勝義諦的性相。事相即如無方分微塵、無剎那分的心識、無為的虛空，因為《俱舍論》中說[28]：「若破

---

28 **《俱舍論》中說**　《俱舍論》，阿毗達磨部論典，又名《阿毗達磨俱舍論本頌》，共8品，世親菩薩著。漢譯本有唐玄奘大師譯《阿毗達磨俱舍論本頌》1卷。世親菩薩，無著菩薩的主要弟子與胞弟（約公元5世紀），梵語Vasubandhu義譯，又譯作婆藪槃豆、伐蘇畔度。生於婆羅門族中，年幼依母命出家，不久即博通小乘三藏，成為著名小乘學者，不承許大乘為佛說，並毀謗大乘。無著菩薩為破除其邪執，遂派遣比丘在其住處旁早晚誦念大乘經。世親菩薩隨聽隨悟，遂前往依止無著菩薩，從此一心皈向大乘。為懺除謗法重罪，注釋五十種大乘經疏，令許多小乘行者迴小向大。後住持那爛陀寺，每日宣講二十座不同的大乘教法。說法造論時常有

慧析餘，彼覺便不轉，如瓶水俗有，異此勝義有。」的緣故。因此承許諸世俗諦雖然在勝義中不成立，但是諦實成立，因為此宗承許實事遍是諦實成立的緣故。

第二科：能從所緣與相應其中一種角度增長諸漏的法，這是有漏的性相。事相即如五蘊。從所緣與相應任何一種角度都不能增長諸漏的法，這是無漏的性相。事相即如道諦與無為，因為《俱舍論》中說[29]：「有漏無漏法，除道餘有為。」又說[30]：「無漏謂道諦，三無為亦然」的緣故。

天人散花、非人供養，壽近百歲。主要論著有《阿毗達磨俱舍論》、《唯識二十頌》、《唯識三十頌》等。著名弟子有聖解脫軍論師（Āryavimuktisenā）、安慧論師（Sthiramati）、陳那菩薩（Dinnāga）、功德光論師等。此論是專門解釋小乘部對法的論著，為世親菩薩聽聞《大毗婆沙論》等對法論後，攝其要義所撰寫。其文精鍊，內容包羅萬象，第一、二品廣泛剖析五蘊、十二處、十八界。第三品抉擇苦諦，說明情器世間等形成方式。第四、五品抉擇集諦，廣釋業及煩惱體性、支分等。第六品抉擇滅道二諦，闡述道之所緣、入道之法、得道行者果位次第。第七、八品，描述透過修行所獲的功德。為格魯派修學的五部大論之一。引文唐玄奘大師譯《阿毗達磨俱舍論·分別賢聖品》作：「彼覺破便無，慧析餘亦爾，如瓶水世俗，異此名勝義。」引文大意為：諸凡被破壞或以覺知解析其餘時，其覺知便不能趣入，如同瓶子與水一般，這是世俗有，其他則是勝義有。見《大正藏》冊29，頁116；《丹珠爾》對勘本冊79，頁43。

29 **《俱舍論》中說** 引文唐玄奘大師譯《阿毗達磨俱舍論·分別界品》作：「有漏無漏法，除道餘有為。」見《大正藏》冊29，頁1；《丹珠爾》對勘本冊79，頁3。

30 **又說** 引文唐玄奘大師譯《阿毗達磨俱舍論·分別界品》作：「無漏謂道諦，及三種無為。」見《大正藏》冊29，頁1；《丹珠爾》對勘本冊79，頁3。

有漏遍是所斷，因為資糧、加行二道都是所斷的緣故。見道
唯是無漏，修道與無學道二者各有有漏道與無漏道二種。雖然是
聖道的話遍是無漏[16]，但是聖者相續中的道不遍是無漏[17]，因為
修道行者相續中粗靜為相所屬的道[31]是有漏的緣故。

　　第三科、宣說其他引申義：承許三時都是實質，因為承許瓶
子在瓶子過去的時段中也存在，瓶子在瓶子未來的時段中也存
在[18]的緣故。雖然承許遮破與成立二法，但是不承許無遮，因為
承許是遮破法的話遍是非遮的緣故。

　　迦濕彌羅毗婆沙師與經部師相順，承許業果相係屬的所依為
識的續流。此外的毗婆沙師則承許業果相係屬的所依是「得[32]」，

---

31 **粗靜為相所屬的道**　指修習粗靜行相的道。粗靜行相為修習禪定的一種行相，透過
觀察下下地為粗分、具有過患，與此相比，上上地為寂靜、具有功德，從而對下下
地離欲。例如觀察欲界為粗分，具有短命、多病等種種過患；相對於欲界，第一靜
慮遠離此等粗劣過患而為寂靜，具有與此相反之種種功德。透過如此不斷思惟觀察
的止觀，便能依次遠離粗分的欲界煩惱。內道及外道行者都能修習粗靜行相。

32 **得**　十四種心不相應行法之一。指補特伽羅相續中，一種使該補特伽羅獲得或具有
某事之實事，為補特伽羅相續所攝之法。譬如造集善業後仍未感得異熟之間，若該
業始終存在不滅，就會成為常法，然不能是常法。因此該宗認為，造集之業必須消
亡，而承許造業之時亦會出生一種能夠具有該業之得，依靠得之力，即使先造集之
業雖已消亡，仍能感生異熟果。得，可分為新獲或者重獲之得；以及獲得之後使之
維持、保存之得，共二種。事例依次為：見道第一剎那的得與新獲得禪定的得，以
及持戒者相續中，別解脫戒第二剎那的得。參見《遍智妙音笑大師文集》冊10，
頁226（一世妙音笑大師著，印度：果芒圖書館，2015）。

或者像是債券[19]般的「不失壞」，屬於一種心不相應行法。

應成師與此師二宗都承許身業與語業是色法。

雖然有為法遍是無常，但不遍是剎那剎那壞滅，因為承許已生之後趣入安住的作用，其後趣入壞滅的作用的緣故。

第二科、有境的承許方式，分為三科：¯ˋ補特伽羅；⁻˺心識；³ˋ能詮聲。

第一科：單純施設處五蘊的聚合[20]，是補特伽羅的事相。有些正量師[33]承許五蘊都是補特伽羅的事相；守護師承許唯獨心才是補特伽羅的事相。

第二科分為二科：¯ˋ量；⁻˺非量的心識。第一科：有現量與比量二種。前者又有根現量、意現量、瑜伽現量，共三種，但是不承許自證現量。根現量不遍是心識，因為具色眼根是物質、見、量三者的共同事的緣故。

承許根識能無行相而赤裸裸地量知對境，並且具依具色眼根也能見到色法，因為說：「如果唯獨識就能看見的話，那麼就會

---

33 **正量師** 指聲聞四根本部正量部諸師。正量部因受眾人恭敬，所以稱為正量部（藏文意譯為眾敬部）。由優波離尊者傳授，主張有不可說的我、一切所知攝為可說與不可說兩種。用阿婆商夏語（訛誤語）誦經，袈裟條幅與上座部相同，比丘的名字後面加上「民」或「部」。

看見被牆壁等所阻隔的色法。」又承許心與心所二者為實質異。

第二科：非量的心識有顛倒識等[21]。

第三科：一般而言，單純的聲音可分為有執受聲與無執受聲二種。前者即如士夫語所屬的聲音；後者即如水聲[22]。有執受聲與無執受聲又各有開示有情聲與非開示有情聲二種。開示有情聲、語表聲、能詮聲三者同義。非開示有情聲、非語表聲、非能詮聲的聲音三者同義。由於承許經論二者也是名、句[23]、文字聚集的體性——聲音的總體，為心不相應行法。因此我想：在此宗物質與心不相應行法或許不相違。

第二科、解說道的論述，分為三科：一、解說道的所緣；二、解說道的所斷；三、解說道的自性。

第一科：即無常等十六種四諦的特法。承許[24]細分無我與[25]細分補特伽羅無我同義，並承許補特伽羅能獨立的實有空為細分補特伽羅無我。

在十八部派之中，正量五部[34]不承許能獨立的實有空為細分補特伽羅無我，因為其承許能獨立的實有我存在的緣故。不承許

---

34 **正量五部** 指聲聞四根本部中的正量部分出的五個派系。即紅衣部、守護部、雞胤部、多聞部、犢子部。

粗、細分法無我的論述，因為承許是成實的話遍是法我的緣故。

第二科、道的所斷：分為染汙無知與非染汙無知二種，其中第一種主要障礙獲得解脫，事相即如補特伽羅我執，與由此所致而產生的三毒及其種子。第二種主要障礙獲得一切智智，事相即如不了知甚深微細如來法的非染汙障等四種無知之因。除了這二障之外，不承許「所知障」的名稱。

第三科、道的自性：雖然承許三乘道中分為資糧道、加行道、見道、修道、無學道這五道的論述，但是不承許十地智。

承許忍、智十六剎那的前十五剎那是見道，第十六剎那——道類智是修道。就像山羊過橋一般，只能依次生起。

道諦不遍是心識，因為承許無漏五蘊是道諦的緣故。

第三科、果的論述：聲聞種姓者於三生等等的時間內，串習無常等十六行相後，最終依著聲聞修道金剛喻定，以斷絕得的方式斷除染汙障而證得阿羅漢果。

麟喻獨覺在上品資糧道以前，將證達補特伽羅能獨立的實有空見結合百大劫等等的福德資糧而修持，之後從煖位加行道乃至無學道，都在一座中證得。

劣乘阿羅漢也有可能退失自己的斷證而成為預流，因此承許

有退法行者等。雖然在聲聞當中列出二十僧與八向住³⁵的論述，但是不承許頓行人³⁶，而承許八向住任何一者遍是聖者。

　　諸菩薩在資糧道的階段，圓滿三無數大劫的資糧，之後經過百劫修成妙相之因。在最後有的時候，於菩提樹下，初夜降伏天子魔，中夜等引時證得加行道、見道、修道三者，於黎明明相甫出時證得無學道。因此，承許初夜降魔以前是異生的階段，而菩薩的加行、見、修三道遍唯是等引定。承許十二事業中的前九個是菩薩的事業，後三個是佛陀的事業³⁷。

　　承許法輪遍是見道，教法輪遍是四諦法輪。承許七部對法³⁸

---

35 **八向住**　指預流向、預流住果、一來向、一來住果、不還向、不還住果、阿羅漢向、阿羅漢住果八者。當斷除該果位之所斷才稱為「住」；正致力於斷除所斷之加行時處於「向」。

36 **頓行人**　指所斷頓行人，意即斷除修道所斷時，並非依次斷除三界八十一品所斷，而是將三界九地各自的初品煩惱一起斷除。以此類推，最終將三界九地各自的第九品煩惱頓時斷除。小乘行者當中，頓行人只有預流及阿羅漢二種聖者。

37 **承許十二事業中的前九個是菩薩的事業，後三個是佛陀的事業**　前九個事業即兜率降世、住胎出世、少年嬉戲、受用妃眷、從家出家、六年苦行、趣金剛座、初夜降魔；後三個事業即成等正覺、轉妙法輪、入大涅槃。

38 **七部對法**　又名對法七論，婆沙宗的七本根本論著。最初由佛所宣說，後由七位阿羅漢所集結，分別為：《發智論》、《品類論》、《識身論》、《法蘊論》、《施設論》、《集異門論》、《界身論》。

都是佛所宣說的經典,而且佛經遍如言可取。除了八萬法蘊之外,不承許八萬四千法蘊的論述,因為《俱舍論》中說[39]:「牟尼說法蘊,數有八十千。」

最後有菩薩證得菩提之處必定只有欲界,因此不承許色究竟天密嚴剎土以及報身的論述。不僅如此,也不承許一切相智。三乘的阿羅漢遍是有餘位者[40],因為承許無餘涅槃之時,心識就像燈火熄滅一般續流斷絕的緣故。所以也承許究竟三乘成立。

有人說:「導師涅槃時,僅僅是在某些所化機前示現收攝色身的形體而已,實際上並沒有涅槃。」這種說法,簡直是把魚跟蕪菁混為一談。

佛聖者雖然無餘斷除了苦集,但這與佛相續中仍有苦諦並不相違,因為無餘斷除了緣苦諦的煩惱時,就[26]安立為已斷除苦諦的緣故。由於色身與之前的加行道菩薩的身所依為同一生所攝,因此不是佛寶,但是仍然承許為佛陀,而承許佛寶是指其心續中

---

39 **《俱舍論》中說** 此頌意指能仁所宣說的法蘊有八萬。引文見《大正藏》冊29,頁6;《丹珠爾》對勘本冊79,頁5。

40 **有餘位者** 意指無餘斷盡各自乘所斷,然仍有殘餘先前業惑所引出的有漏蘊之聖者。

的盡無生智[41]。

　　同樣地，承許有學聖者都是有漏，因此不是僧寶，但是仍然是僧，而僧寶是指其心續中的道諦。法寶也可得安立，因為佛陀與聲聞獨覺二者相續中的涅槃與滅諦即是彼的緣故。

　　文間頌云：

　　以我內心的觀擇金瓶

　　從婆沙宗的香水海

　　汲得新鮮的善說甘露來舉辦喜筵

　　聰慧少年們請來饗宴[27]

41　**盡無生智**　指盡智與無生智二種智。盡智，指既斷盡一切煩惱，並了知我已全然了知苦諦、斷除集諦、現證滅諦、修習道地之智。無生智，指既了知前四種，且無需再知苦、斷集、證滅、修道之智。此二智唯獨佛與利根羅漢才有。

第五章

經部宗義的論述

經部宗義的論述

　　第二科、解說經部宗義的論述，分為四科： ⁻、**性相；** ⁻、**支分；** ⁻、**字詞解釋；** ⁻、**承許方式。**

　　第一科： 以諦實耽著承許自證分與外境二者的說小乘宗義補特伽羅，這是經部師的性相。經部師與譬喻師二者同義。

　　第二科： 其中分為隨教行經部師與隨理行經部師二種。前者即如隨學《阿毗達磨俱舍論》的經部師，後者即如隨學七部量論[42]的經部師。

---

42 **七部量論** 指法稱論師所著的《釋量論》、《定量論》、《正理滴論》、《因滴論》、《觀相屬論》、《成他相續論》、《諍理論》，共七部《集量論》之釋論。一、《釋量論》，有自義、成量、現量、他義品，共4品。漢譯本有今人法尊法師譯《釋量論》4品。主要闡述因明，並涵蓋人法無我見及菩薩廣大行等內涵，為佛教因明學代表著作。二、《定量論》，有現量、自義、他義品，共3品，尚無漢譯。著述此論的兩個目的，其一是由於當時多有毀謗陳那菩薩不解推理者，為遮止此等諍論而造；二是有眾多所化機不堪《釋量論》之深廣內涵，相應簡述的正理真諦，故為攝受此等有情而造。此論主要闡述推理八事，並著重探討他義比量的內涵。三、《正理滴論》，依《丹珠爾》對勘本所錄，有現量、自義、他義品，共3品；

第三科、字詞解釋：有名為「經部師」與「譬喻師」的原因，因為不隨學《大毗婆沙論》，而主要依著佛經來宣說宗義，所以稱為「經部師」；以及因為透過譬喻闡示一切法，所以稱為「譬喻師」的緣故。

第四科、承許方式，分為三科：一、根基的承許方式；二、道的承許方式；三、果的承許方式。第一科分為二科：一、境的承許方式；二、有境的承許方式。

第一科：覺知所明了，是境的性相。堪為覺知的境，是所知的性相。境、有、所知、成實等同義。

其中分為：一、分為二諦；二、分為自相共相二者；三、分為遮破法成立法二者；四、分為現前分隱蔽分二者；五、分為三時；

克主傑大師所著《續部總建立論》則認為此論並無分章。漢譯本有今人楊化群由藏譯漢《正理滴論》、王森由梵譯漢《正理滴論》二種。此論省略了廣泛的破立，主要闡述《集量論》當中之異門、定義、支分、譬喻等內涵。以上為七部量論中有如主體之三部論。後四部論側重解釋《集量論》部分論述，故有如主體之支分，皆尚無漢譯。四、《因滴論》自《集量論》第二品自義品中延伸而出，解釋比量論式之因義。五、《觀相屬論》抉擇詰難。六、《成他相續論》與七、《諍理論》皆自《集量論》第三品他義品中延伸而出。前者論證他有情之心續以成立唯識的道理；後者則解釋他義比量之內涵。參見《中華大藏經‧丹珠爾‧對勘本總目錄》冊下，頁696（北京：中國藏學出版社，2007）；《東噶辭典》，頁1714；《定量論廣釋》，頁4、5（賈曹傑大師著，台北：佛陀教育基金會，2010）；《釋量論廣註理海》冊上，頁5（克主傑大師著，台北：佛陀教育基金會，2002）。

六、**分為一與異二者。**

第一科：不觀待於聲音與分別心假立，從自己的住相這一方面堪忍正理觀察而成立的法，這是勝義諦的性相。實事、勝義諦、自相、無常、有為、諦實成立等同義。唯由分別心假立而成立的法，這是世俗諦的性相。無實事的法、世俗諦、共相、常法、無為法、虛妄成立等同義。

有二諦的字詞解釋：無為的虛空有法，名為「世俗諦」，因為在世俗覺知的心境中[28]為諦實的緣故。此處的世俗是指分別心，因為會障蔽現見自相，所以稱為「世俗」。而這也只是字詞的解釋而已，在世俗覺知分別心的心境中是諦實的話，沒有周遍是世俗諦，因為即如勝義諦的事相——瓶子，在世俗覺知分別心的心境中也是諦實的緣故。又如「補特伽羅我」與「聲音是常法」，雖然在世俗覺知分別心的心境中是諦實，但是連在名言中都不成立的緣故。

瓶子有法[29]，名為「勝義諦」，因為在勝義覺知的心境中為諦實的緣故。此處的勝義覺知是指對於顯現境不錯亂的心識。

這種安立二諦的方式是隨理行經部師的宗軌，隨教行經部師所承許的二諦論述，與婆沙宗相順。

　　第二科：勝義中能作用的法，這是自相的性相。事相即如瓶子。勝義中非能作用的法，這是共相的性相。事相即如無為的虛空。

　　總與別，一與異，相違與係屬等增益諸法固然是共相，但是是這些法的話，不必都是共相，必須釐清這個差別。

　　第三科：以直接否定所遮的方式所證達，是遮破法的性相。其與遣餘法同義。分為無遮與非遮二種。直接證達自己的覺知僅僅否定自己的所遮而證達，是無遮的性相。例如婆羅門不喝酒。直接證達自己的覺知在否定自己的所遮之餘，引出餘法非遮與成立法其中一者，這是非遮的性相。例如胖子天授白天不進食。

　　直接證達自己的覺知並未直接否定自己的所遮而證達的法，這是成立法的性相。例如瓶子。

　　第四科：現量所直接證達，是現前分的性相。其與實事同義。比量所直接證達，是隱蔽分的性相。其與所知同義。

　　第五科：另一個實事在自己形成的時段過後那一剎那中寂滅的那一分，這是過去的性相。另一個實事雖然有出生的因，但是由於緣不具足，以至於在某些境、時中不生的那一分，這是未來的性相。生而未遮滅，是現在的性相。承許過去與未來二者是常

法，而現在與實事同義。該實事的過去是在該實事之後成立；該實事的未來是在該實事之前成立，這些差別也應當了知。

第六科：非別別的法，這是一的性相。例如瓶子。別別的法，這是異的性相。例如瓶柱二者。體性異遍是反體異，但是反體異卻不遍是體性異，因為所作與無常二者雖然是體性一，卻是反體異的緣故。

另外，雖然經部師與毗婆沙師同樣承許無方分微塵[30]與無剎那分心識等等，但是並非完全相同，因為婆沙師凡是承許為有，就都承許為實質成立，而經部師不如此承許的緣故。婆沙與應成師二者都承許無表色為真實的色法，而經部、唯識、自續師三者則承許不是真實的色法的緣故。不僅如此，毗婆沙師承許因果同時，而經部師以上不如此承許的緣故。

第二科、有境的承許方式，分為三科：一、補特伽羅；二、心識；三、能詮聲。

第一科：隨教行者承許蘊的續流為補特伽羅的事相；隨理行者承許意識為補特伽羅的事相。

第二科：有量與非量的覺知二種。量有現量與比量二種。現量有根現量、意現量、自證現量與瑜伽現量，共四種。具色根不

可成為量，因為不是清晰明了，並且不能量知自境的緣故。非量的覺知有再決識、顛倒識、疑惑、伺察意與現而不定的覺知，共五種。

這些之中，現前識與現而不定的覺知二者遍是離分別不錯亂，而比量、伺察意、疑惑三者唯是分別心。又承許心識在見知境界時是有相證達，並且心與心所為實質一。

第三科：能令理解自己所詮義的所聞，這是能詮聲的性相。其中從所詮的角度分為詮類聲與詮聚聲二種。第一種，即如詮說「色」的聲音；第二種，即如詮說「瓶子」的聲音。

另外，從詮述方式的角度，分為詮特法聲與詮有法聲二種。第一種，即如詮說「聲音的無常」的聲音；第二種，即如詮說「聲音無常」的聲音。

第二科、道的承許方式，分為三科：第一科、道的所緣：無常等四諦十六行相，是道的所緣。承許細分無我與細分補特伽羅無我同義，且承許補特伽羅常一自主我空為粗分補特伽羅無我，補特伽羅能獨立的實有空為細分補特伽羅無我。

第二科、道的所斷：除了補特伽羅我執、染汙無知與非染汙無知等名言之外，不承許法我執與所知障等，這與婆沙宗相同。

對於三乘道建立出五道的論述，並且承許忍、智十六剎那皆為見道。由於現前識的顯現境必須是自相，所以不承許細分補特伽羅無我是聲聞見道無間道的執取相境，因為承許其直接量知補特伽羅我消隱的行法，而間接證達細分補特伽羅無我的緣故。

第三科、果的承許方式：承許阿羅漢不可能退失斷德、證德，以及佛的色蘊也是佛，除此之外，三乘果位的證得方式等等，都與婆沙師相通。婆沙、經部二師不承許大乘藏為佛說，但也有說後期學者有承許大乘藏是佛說的。

文間頌云：

透過善加學習正理教典的力量

如實闡述隨理行譬喻部師的正理密語

請諸位宣說正理者

將此作為喜宴

第六章

唯識宗義的論述

唯識宗義的論述

　　第三科、解說唯識宗義的論述，分為四科： 一、**性相**；二、**支分**；三、**字詞解釋**；四、**承許方式。**

　　第一科：不承許外境而承許依他起為諦實成立的說內道宗義補特伽羅，這是唯識師的性相。

　　第二科：其中分為唯識實相師與唯識假相師二種。有這二師的差別，因為執藍眼識所顯現藍色為藍色，是實相師與假相師的所諍事。

　　實相師承許，如同執藍眼識所顯現藍色為藍色般是成立的；假相師則承許，如同執藍眼識所顯現藍色為藍色般是不成立的緣故。應當如此，因為實相假相雙方雖然同樣承許執藍眼識所顯現藍色為藍色、顯現藍色為粗分、顯現藍色為外境，然而實相師承許執藍眼識所顯現藍色為外境，是受無明染汙，顯現藍色為藍色及顯現藍色為粗分，則並未受無明染汙；假相師則承許，不僅顯

現藍色為外境是受無明染汙，就連顯現藍色為藍色及顯現藍色為粗分，也是受無明染汙的緣故。

因此，是唯識師，而且承許根識中顯現為粗分，是如同所顯現般成立，這是唯識實相師的性相。是唯識師，而且承許根識中顯現為粗分，是不如同所顯現般成立，這是唯識假相師的性相。

實相師可分為：二取等數師、半卵對開師、種種無二師，共三派。關於這三派的差別，智者們的主張並不相同。

貢汝‧幢賢所著的《中觀綜論[31]》中說[43]：名為「二取等數師」，是因為承許執取「蝴蝶翅膀上的彩色」的眼識在執取彩色時，從境的方面投映藍、黃等各各不同的行相，而從有境方面也將藍、黃等各各不同的行相生為具足相[32]。

名為「半卵對開師」，是因為承許如此執取時，從境的方面

---

43 **貢汝‧幢賢所著的《中觀綜論》中說** 《中觀綜論》，中觀論典，相對於克主傑大師所著《中觀綜論》，此論又稱《小中觀綜論》，尚無漢譯。作者為至尊宗喀巴大師入門弟子中，事業量等虛空的四位愛子之一（公元1382～1450），藏語གུང་རུ་རྒྱལ་མཚན་བཟང་པོ（貢汝堅參桑波）義譯。生於多對的后茸（སྟོད་རོང），依止宗喀巴大師等學習五部大論。曾擔任色拉寺住持，並兼任尊木采寺（བཙུན་མོ་ཚལ）住持，三十多年間廣作講聞之事業。示寂於色拉寺。著有《現觀莊嚴論不敗密意莊嚴》等。其諸多著作曾是色拉昧學派之主要教材。此段蓋取其大意，非錄原文。參見《東噶辭典》，頁520、521。引文見《貢如‧堅贊桑布全集》冊3，頁190（百慈藏文古籍研究室編，北京：中國藏學出版社，2007）。

投映藍、黃等各各不同的行相，而從有境方面則將藍、黃等各各不同的行相生為無相。

　　名為「種種無二師」，是因為承許如此執取時，從境的方面沒有投映藍、黃等各各不同的行相，只投映了彩色的行相，而從有境方面沒有將藍、黃等各各不同的行相生為具足相[33]，只將彩色的行相生為具足相[34]。

　　仲欽妙賢[44]與班禪福稱[45]等人說[46]：名為「二取等數師」，是

---

44 **仲欽妙賢**　生平事蹟不詳。

45 **班禪福稱**　藏語བཀྲ་ཤིས་བསོད་ནམས་གྲགས་པ།（班禪索南札巴）義譯，公元1477年生於澤塘（ཚེད་ཐང་），幼時從福德吉祥大師（བསོད་ནམས་བཀྲ་ཤིས།）受居士戒，賜名為福稱。至色拉大乘洲（སེ་ར་ཐེག་ཆེན་གླིང་）依止妙音義成具德大師（འཇམ་དབྱངས་དོན་ཡོད་དཔལ་ལྡན་པ།），二十七年間廣大聞思顯密教法。31歲進入上密院（རྒྱུད་སྟོད），在大金剛持具法慧大師（རྡོ་རྗེ་འཆང་ཆེན་པོ་ཆོས་ལྡན་རྣ་བ་གྲོས།）座下深入學習密法。後具法慧大師病重，囑咐住持此寺，於是此師34歲至47歲之間大弘密法，使上下密院的講修事業不分軒輊。47歲任哲蚌寺洛色林住持，其著作成為洛色林學派主要的教材。48歲任甘丹寺東頂僧院（དགའ་ལྡན་ཤར་རྩེ་གྲྭ་ཚང）住持。52歲陞座為第十五任甘丹赤巴。58歲改任哲蚌寺住持，之後還擔任色拉寺、覺摩隆（ཇོ་མོ་ལུང་）等諸多寺院住持。曾為三世嘉瓦仁波切受戒、傳法，且著述甚多。1554年示寂，世壽77。參見《福稱大師傳記》，頁1（天王海大師著，印度：夏孜圖書館，1999）。

46 **等人說**　此段蓋取其大意，非錄原文。相關段落出自仲欽妙賢大師所著《心類學》以及福稱大師所著《宗義建立》。參見《心類學正理庫藏・除無明闇與顯明因類學之明鏡・聰慧者生喜》，頁49（仲欽妙賢、林麥夏珠語自在富饒著，拉薩：色珠出版社，2019）；《大班智達福稱文集》冊1，頁330（福稱大師著，台北：佛陀教育基金會，2015）。

因為承許如同執彩根識中顯現的藍黃二者是實質異，在執彩眼識之上同樣有許多實質異的眼識。名為「半卵對開師」，是因為承許雖然藍色與執藍眼識二者總體而言都是心的體性，但是二者卻是實質異。名為「種種無二師」，是因為承許如同彩色上的藍、黃二色是實質一，執彩眼識之上的執藍根識、執黃根識二者同樣也是實質一。

《宗義廣論》中說[47]：名為「二取等數師」，是因為承許執彩眼識觀看彩色[35]時，會同時生起與彩色之上藍、黃等色數量相等的同類識。名為「半卵對開師」，是因為承許藍色與執藍眼識

---

47 《宗義廣論》中說 《宗義廣論》，一世妙音笑大師所著《宗義根本頌》之自釋。妙音笑大師，哲蚌寺果芒僧院（འབྲས་སྤུངས་སྒོ་མང་གྲྭ་ཚང་）主要教材作者（公元1648～1721），藏語འཇམ་དབྱངས་བཞད་པ་（蔣揚協巴）義譯，法名語王精進（昂旺尊珠・ངག་དབང་བརྩོན་འགྲུས་）。生於多麥的甘加當讓（ཀན་གྱི་སྐྱེ་རིང་）。幼年夢見金剛手菩薩賜予永作守護的加持，13歲出家。16歲起晚上不臥睡，勤修唸誦。21歲入果芒僧院學習五大論，以刻苦勤學、對經論的深廣智慧著稱於當時。29歲開始研習密續。33歲靜修於格佩山（རི་བོ་དགེ་འཕེལ་），求得極稀有的耳傳教授，成為此教授的傳承祖師，同時也為其具緣弟子說法，僅菩提道次第就宣說了五十遍，並開始撰寫五部大論註疏等相關著作。53歲擔任哲蚌寺果芒僧院住持，培育出來的格西遍及各地，從此其論述成為果芒學派主要教材。62歲赴甘肅省南部興建拉卜楞寺（བླ་བྲང་བཀྲ་ཤིས་འཁྱིལ་），成為格魯六大寺之一，世壽73歲。此論為作者42歲時於格佩山開始著述，歷時十年，於55歲時完成。其中詳盡解釋內外道宗義之基道果論述，並博引諸大教典，為現今眾多學派所研讀之闡述宗義的著作。參見《東噶辭典》，頁62；《第一世嘉木樣尊者傳》（貢去呼久美旺波著，楊世宏譯，台北：圓音有聲出版股份有限公司，2007）。引文見《遍智妙音笑大師文集》冊15，頁399。

二者，觀待其形成的時段而言雖然是有先後次序，然而觀待緣取
的時段而言則是實質一。名為「種種無二師」，是因為承許執彩
眼識觀看自境時，不會同時生起與境之上藍、黃等色數量相等的
同類識；單獨的執彩眼識，即是執取彩色之上藍、黃等色的根
識。在上述這三種說法之中，請受持認為較合宜的。

二取等數師又分為承許八識聚[48]與承許六識聚[49]二派。種種
無二師也分為說六識聚與說獨一識二派。

假相師可分為有垢假相師與無垢假相師二種。有說，承許
心的體性為無明習氣的垢染所染汙，所以稱為「有垢師」；承
許心的體性絲毫不為無明習氣的垢染所染汙，所以稱為「無垢
師」[36]。也有說，承許佛地雖然沒有無明，但仍有錯亂顯現，所
以稱為「有垢師」；承許由於佛地沒有無明，因此也沒有錯亂顯
現，所以稱為「無垢師」。

唯識師又分為隨教行與隨理行二派。前者為《瑜伽師地

---

48 **八識聚** 眼的識、耳的識、鼻的識、舌的識、身的識、意的識、染汙意、阿賴耶
識。

49 **六識聚** 指眼的識到意的識。

論》[50]的隨行者，後者為七部量論的隨行者。

第三科、字詞解釋：為何名為「唯識師」？因為倡言一切諸法唯是心的本性，所以稱為「唯識師」或「唯心師」。以及由於從瑜伽師的根基的角度抉擇道行的修持，所以也名為「瑜伽行師」。

第四科、承許方式，分為三科：一、基；二、道；三、果。第一科分為二科：一、境；二、有境。

第一科：承許一切所知歸納為三性，因為承許一切有為法是依他起，一切法性是圓成實，其餘都是遍計所執的緣故。雖然承許這三者都是自方成立、自性成立，但有是否諦實成立的差別，因為承許遍計所執無諦實，而依他起與圓成實二者為諦實成立的緣故。

雖然在勝義中不成立，但是在分別心的心境中成立，這是遍

50　《瑜伽師地論》　唯識部論典，唯識派主要依據的論典之一。共136卷又725偈，藏傳佛教認為《瑜伽師地論》是無著菩薩著，漢傳則認為是至尊彌勒所說。漢譯本有唐玄奘大師譯《瑜伽師地論》100卷；另有北涼曇無讖譯《菩薩地持經》10卷、《菩薩戒本》9卷；宋求那跋摩譯《菩薩善戒經》9卷、《優婆塞五戒威儀經》1卷；陳真諦三藏譯《十七地論》5卷、《決定藏論》3卷等六種節譯本，其中《十七地論》今已失傳。此論顯示三乘行者所觀之境、所修之行、所證之果的內涵。此論分為：〈本地分〉、〈攝決擇分〉、〈攝事分〉、〈攝異門分〉、〈攝釋分〉。參見《中華佛教百科全書》冊8，頁4679。

計所執的性相。其中分為異門遍計所執與永斷性相遍計所執二種。前者即如所知，後者即如二我。

依其他因緣之力而生起，並且作為圓成實的所依，這是依他起的性相。其中分為清淨依他起與不淨依他起二種。前者即如聖者的後得智與佛陀的相好，後者即如有漏近取蘊。

二我任何一者空的真如，這是圓成實的性相。其中分為無倒圓成實與無變異圓成實二種。前者即如聖者的等引智，後者即如法性。無倒圓成實雖然被陳述為圓成實的支分，卻不是圓成實，因為不是緣之能盡諸障的清淨道的究竟所緣的緣故。

另外，承許所知分為世俗諦與勝義諦二種。觀擇名言的理智量所得義，這[37]是世俗諦的性相。虛妄、世俗諦、名言諦等同義。觀擇勝義的理智量所得義，這是勝義諦的性相。空性、法界、圓成實、勝義諦、實際、真如等同義。

雖然是勝義諦的話遍自相成立，但是是世俗諦的話不遍自相成立，因為依他起雖然自相成立，但是遍計所執諸法則自相不成立的緣故。另外，是虛妄的話不必都是虛妄成立，因為依他起雖然是虛妄，但是為虛妄不成立的緣故。

對於三時、無遮的安立方式，經部師、唯識師、中觀自續師

三者是相同的。

色等五境為外境不成立，因為是在阿賴耶識上，透過共與不共業所建立的習氣之力，在內在心識實質之上出生的緣故。就實相師而言，承許色等五境雖然不是外境，但仍為粗分成立；假相師則認為，如果是這樣的話就必須是外境成立，因此承許為粗分不成立。

第二科、有境的承許方式：隨教行者承許八識聚，所以承許意的識與阿賴耶識是補特伽羅。而隨理行者則承許意的識是補特伽羅的事相。

其承許阿賴耶識是緣著內在的習氣，而行相為不作分判，體性為無覆無記，唯與助伴五遍行心所相應的堅固心王意識所開分者。在有覆與無覆二者之中，不是有覆無記；也存在於斷善根者的相續中，所以不是善；存在於上二界，所以也不是不善。

承許染汙意是緣著阿賴耶識為所緣，行相為具有思為我的行相，體性為有覆無記。至於六轉識的安立方式與一般相同。

承許量分為現量與比量二種，以及承許四種現前識的論述，自證現識與瑜伽現識二者遍為不錯亂識。實相師承許凡夫相續中的執藍眼識為不錯亂識；就假相師而言，則承許凡夫相續中的根

現識遍為錯亂識，其相續中的意現識則有錯亂與不錯亂二部分。

第二科、道的論述，分為三科：

第一科、道的所緣：是指無常等十六種四諦的特法。承許補特伽羅常一自主成立空，是粗分補特伽羅無我；補特伽羅能獨立的實有空，是細分補特伽羅無我；色與執色之量異質空、色成為執色分別心所耽著事自相成立空，這二者是細分法無我。承許二種細分無我都是空性，但是空性未必是這其中一者，因為承許滅諦與涅槃二者也都是空性的緣故。

承許諸有為法與執自之量為實質一，諸無為法與執自之量為體性一。

第二科、道的所斷：分為煩惱障與所知障二種。第一種即如粗、細二品的補特伽羅我執及其種子，還有六根本煩惱、二十隨煩惱。第二種即如法我執及其習氣。

另外，諸菩薩是以所知障作為主要所斷，但[38]不以煩惱障作為主要所斷；小乘有學人以煩惱障作為主要所斷，但不以所知障作為主要所斷。

第三科、道的論述：對於三乘中的每一乘都建立出資糧、加行二道，見、修二道以及無學道等五道的論述，也承許大乘在五

道之上更有十地的論述。

第三科、證得果位的方式：小乘決定種姓者，是以基於補特伽羅無我的圓成實作為主要所修，當串習達到究竟時，依著小乘修道金剛喻定無餘斷除煩惱障，與此同時證得小乘阿羅漢果。

由於聲聞獨覺二者所修的無我與所斷的煩惱毫無差別，所以聲聞獨覺二者都有八向住的論述是合理的，但由於獨覺必定是欲界依身，所以沒有二十僧的論述。然而聲聞獨覺二者並非沒有差別，因為承許有延不延長百劫修集福德資糧的差別，以至於果位也有勝劣之別。

隨教行者不承許一向趣寂的小乘阿羅漢能趣入大乘道，並承許轉趣菩提阿羅漢能趣入大乘道。而這也是從有餘位趣入，不是從無餘位趣入，因為承許究竟三乘成立的緣故。隨理行者承許小乘阿羅漢會趣入大乘道，因為承許究竟一乘成立的緣故。

大乘種姓者，是以基於法無我的圓成實作為主要所修，結合著三無數劫資糧而作修持，依著五道、十地循序進昇[39]，以續流後際無間道斷盡二障，並於色究竟天證得自利的斷證圓滿法[40]

身，以及利他的事業圓滿色身二者。若依照有些《集論》[51]隨行者的看法，則顯然也有於人的所依成佛的。

也承許佛經有了不了義的差別，因為承許《解深密經》[52]中所說的前二轉法輪是不了義經，後轉法輪是了義經的緣故。也有了不了義的意涵，因為將直接顯示的內容不可如言承許的經典安立為不了義經，直接顯示的內容可如言承許的經典安立為了義經的緣故。

承許涅槃有有餘涅槃、無餘涅槃、無住涅槃三種。佛身有法報化三身，法身有自性法身與智慧法身二種，自性法身又有自性清淨的自性法身與遠離客塵的自性法身二種，所以稱為「大乘宗義論師」。

---

51 **《集論》** 阿毗達磨部論典，全名《大乘阿毗達磨集論》，共5卷。漢譯本有唐玄奘大師譯《大乘阿毘達磨集論》7卷。本論主要闡述大乘之基道果，及如何引導所化機之方便，與《俱舍論》同為對法之主要典籍，前者為上對法，後者為下對法。

52 **《解深密經》** 經集部經典，共10品。漢譯本有北魏菩提流支譯《深密解脫經》5卷；陳真諦三藏譯《佛說解節經》1卷；唐玄奘大師譯《解深密經》5卷，共三種。此經是佛陀第三轉法輪主要代表經典，為唯識宗根本依據，被《瑜伽師地論》、《攝大乘論》、《成唯識論》等廣泛引用。前人註疏甚多，但今漢傳僅存新羅僧圓測所撰的《解深密經疏》。

文間頌云：

隨學導師能仁的語教

所宣說的唯識宗義

依據諸智者所言而陳述

具足智慧的人理當歡喜地趣入其中

第七章

中觀自續師的論述

中觀自續師的論述

　　第四科、解說說無性師中觀宗義的論述，分為四科：一`**性相**；二`**字詞解釋**；三`**支分**；四`**解說各別之義。**

　　第一科：承許諦實成立之法連微塵許都不存在的說內道宗義補特伽羅，這是中觀師的性相。

　　第二科、字詞解釋：為何名為「中觀師」？答：因為承許遠離常斷二邊的中間，所以稱為「中觀師」；以及因為宣說諸法無諦實成立的體性，所以稱為「說無性師」。

　　第三科：其中可分為中觀自續師與中觀應成師二種。

　　第四科、解說各別之義，分為二科：一`**解說自續派**；二`**解說應成派。第一科分為四科：**一`**性相**；二`**字詞解釋**；三`**支分**；四`**宗義的承許方式。**

　　第一科：在名言中承許自相成立的說無性師，這是自續師的性相。

第二科：為何名為「中觀自續師」？答：因為依著三相自方成立的正因遮破諦實有，所以如此稱呼的緣故。

第三科：其中分為瑜伽行中觀自續師與經部行中觀自續師二種。不承許外境，且承許自證分的中觀師，這是前者的性相。事相即如靜命論師[53]。不承許自證分，且承許外境自相成立的中觀師，這是後者的性相。事相即如清辨論師[54]。

也有字詞解釋：由於在根基的論述方面其承許與唯識師相

---

53 **靜命論師** 瑜伽行中觀自續派開派祖師（生卒年不詳），梵語Śāntarakṣita及藏語ཞི་བ་འཚོ（喜瓦措）義譯，又名寂護、大親教師菩提薩埵。生於孟加拉，依止親教師智慧藏（Jnanagarbha）出家研習律典，之後依止調伏軍阿闍黎（Vinayasenā）聽受《現觀莊嚴論》。由於觀察到深見、廣行不可偏廢，所以進一步精研龍樹所傳的空性教授，著作《中觀莊嚴論》。公元8世紀中應藏王赤松德贊邀請至西藏，修建桑耶寺，剃度七人出家，此為西藏史上第一批出家為僧的藏人。建立僧伽制度，宣說戒律、中觀。駐錫西藏直至示寂，相傳住世九百多歲。主要弟子有獅子賢論師、蓮花戒論師等。

54 **清辨論師** 中觀自續派及經部行中觀自續派開派祖師，相傳為長老須菩提的化身（約公元6世紀），梵語Bhāvaviveka義譯，又名婆毘吠伽、婆毘薛迦、明辯、分別明菩薩。生於南印度摩梨耶羅（Mālyara）的王族，出家修道，親見金剛手菩薩，成就殊勝三摩地，依止龍樹菩薩學習中觀。由於龍樹菩薩所傳的中觀正見涵義幽微，論師為了引導眾生漸次領悟，因而著述《般若燈論》、《中觀心論》、《分別熾燃論》等論著，開創經部行中觀自續派學說，並且與法護論師展開中觀與唯識之諍，也破斥同為中觀宗的佛護論師（Buddhapālita）的學說。參見《大正藏》冊51，頁930；《印度佛教史》，頁143；《師師相承傳》中文冊上，頁161；藏文冊上，頁212。

順，所以稱為「瑜伽行中觀師」；由於如經部師一般承許有極微塵積聚的外境，所以稱為「經部行中觀師」。

　　瑜伽行中觀自續師當中，又有隨順實相派的中觀師、隨順假相派的中觀師二種。前者即如靜命、蓮花戒[55]、聖解脫軍論師[56]。

---

55 **蓮花戒**　西藏前弘期重整藏地佛教的大班智達（約公元740～795年），梵語 Kamalaśīla及藏語ཀ་མ་ལ་ཤཱི་ལ義譯。於靜命論師座下聽受教義，成為瑜伽行中觀自續派大班智達。應藏王赤松德贊（ཁྲི་སྲོང་ལྡེ་བཙན）之邀入藏，破斥支那堪布所宣傳的見解，並針對赤松德贊所提出關於見地、修持、果位三大類的問題，著《修習次第》初、中、下三篇，世稱《修次》三篇。又有《中觀光明論》等著作。參見《東噶辭典》，頁10（東噶・洛桑赤列編，北京：中國藏學出版社，2009）；《貢德大辭典》冊1，頁480；《藏漢大辭典》，頁5（張怡蓀編，北京：民族出版社，1998）。

56 **聖解脫軍論師**　世親論師座下超勝於己的四大弟子之一（約公元6、7世紀），梵語 Āryavimuktisenā義譯。生於中印度，年幼出家，後前往世親論師座前，以清淨的意樂及加行如理依止，精研三藏，成為大善巧者，特別精通《般若》，能將《現觀莊嚴論》教義匯歸於全圓道次而作修行，由此現證法性，得獲聖道果位，故尊稱聖解脫軍。曾親見至尊彌勒，並獲得開許著述《般若經》結合《現觀莊嚴論》之教授，遂將靜鎧居士從普陀山所迎請之《般若二萬五千頌》與《現觀莊嚴論》八品一一結合，完成第一部《般若經》結合《現觀莊嚴論》之教典──《般若二萬五千頌光明論》。前來依止聽受《般若》的弟子數以千計。參見《師師相承傳》冊上，頁103；《道次第上師傳承傳》，頁87。

後者即如獅子賢[57]、澤大里[58]、毳衣大師[59]。有說其中澤大里論師
為隨順有垢假相派，毳衣大師為隨順無垢假相派。

　　第四科、宗義的承許方式，分為二科：一、解說瑜伽行中觀
自續派；二、解說經部行中觀自續派。第一科分為三科：一、基；
二、道；三、果。第一科、根基的論述，分為境與有境二科。

　　第一科：承許是成實的話遍自相成立[41]，因為承許無論任何

57　**獅子賢**　瑜伽行中觀自續派祖師（約公元8世紀），梵語Haribhadra及藏語སེང་གེ་བཟང་
　　པོ（僧格桑波）義譯。生於王族，其母遭獅子攻擊而喪命，然此師在胎中倖存，因
　　而得名獅子賢。長大後出家研習一切宗派教義，通達無礙，特別對於《般若》之教
　　義勤苦尋求。師從靜命阿闍黎，深入研究至尊彌勒所傳《般若》教授，同時研究深
　　見、廣行二派之傳承教授，又於菩提道次第教授數數觀擇，最終對於三乘道次圓滿
　　道體，生起殊妙之證悟。日夜精勤修持，感得至尊彌勒於夢中指示著述現觀之注
　　釋。師以當時國王達摩波羅（Dharmapāla）為造論施主，造《顯明義釋》；匯合
　　《現觀》、《般若》而著《八千頌廣釋》；依照聖解脫軍所著《般若二萬五千頌光
　　明論》，將《般若二萬五千頌》之經文，配合《現觀》要義，而造《八品論》；並
　　造《攝功德寶易解論》、《般若修法》、《真札巴文法變格頌》等論典。其所著述
　　《顯明義釋》被讚為修習菩提道次第行者共同遵行之「般若法眼」。參見《師師相
　　承傳》冊上，頁121；《道次第上師傳承傳》，頁100。

58　**澤大里**　阿底峽尊者的上師之一（約公元10世紀），即勝敵婆羅門。曾得文殊菩
　　薩直接傳授灌頂，因而獲得於一切明處通達無礙之智慧，著述眾多顯密教典。參見
　　《東噶辭典》頁1761；《貢德大辭典》冊3，頁536。

59　**毳衣大師**　印度八十四大成就者之一（生卒年不詳），藏語ལྭ་བ་པ（拉瓦巴）義譯，
　　又名甘巴拉。生於印度東部根卡拉巴的王室，父王逝世後登基為王。旋依母命出家
　　修行，乃至成為四處乞食之瑜伽士。後得知其母為空行母化身，母親為大師傳授勝
　　樂金剛灌頂及教授。十二年間，大師住於尸陀林修道，得到大手印之究竟成就。由
　　於此師身披狐狸皮於各地遊化，故名。毳，音脆，義為鳥獸的細毛。

法，如果尋找其假立義的話都會獲得的緣故。所以承許自性成立、自相成立、從自己的住相方面成立、自方成立等同義。

所知分為勝義諦與世俗諦二種。自己為現證自己的現量以二現隱沒的方式所證達，這是前者的性相。現證自己的現量以具有二現的方式所證達，這是後者的性相。瓶子諦實空為前者的事相，瓶子則為後者的事相。

勝義諦可廣分為十六空性[60]，略攝為四種空性[61]。世俗諦分為正世俗與倒世俗二種。其中，前者即如水，後者即如陽焰之水。此派承許是心識的話遍是正世俗。

第二科、有境：意的識是補特伽羅的事相。不承許阿賴耶識與染汙意，而承許六識聚，這是二派自續師共通的。承許覺知有量與非量的覺知二種。量有現量與比量二種。現前識有根現識、意現識、自證現識與瑜伽現識四種，後二種現前識遍為不錯亂識。由於不承許外境成立，因此承許藍色與執藍現前識二者為實質一。

---

60 **十六空性** 由於空性之空依事不同而細分為十六種，即：內空、外空、內外空、空空、大空、勝義空、有為空、無為空、畢竟空、無際空、散無散空、本性空、一切法空、自共相空、不可得空、無性自性空。

61 **四種空性** 空性的一種開分方式，即實事空、無實事空、自體性空、他體性空。

第二科、道的論述，分為三科：

第一科、道的所緣：承許補特伽羅常一自主空為粗分補特伽羅無我，補特伽羅能獨立的實有空為細分補特伽羅無我，色與執色之量異質空為粗分法無我，一切法諦實成立空為細分法無我。

第二科、道的所斷：承許補特伽羅我執為煩惱障，法我執為所知障。而所知障又有二種，粗分所知障即如執取二取異質，細分所知障即如執取蘊等法諦實成立。

第三科、道的自性：同樣承許三乘各五道，共十五種。差別在於承許獨覺無間道與正解脫道必須是具二空的行相。

第三科、果的論述：由於承許獨覺以粗分所知障為主要所斷，所以不列出八向住的論述，而聲聞則有八隻補特伽羅[62]。

決定種姓聲聞以證達補特伽羅無我見為主要所修，最後依著修道金剛喻定無餘斷除煩惱障，與此同時證得阿羅漢果。

決定種姓獨覺以證達二取空見作為主要所修[42]，最後依著修道金剛喻定無餘斷除煩惱障與粗分所知障，與此同時證得獨覺阿羅漢果。

---

62 **八隻補特伽羅** 即八向住的聖者。

　　小乘涅槃有有餘涅槃與無餘涅槃二種。其中，承許前者為帶著過去業惑所引生的殘餘苦蘊的涅槃，後者為脫離苦蘊的階段。

　　承許是聲聞、獨覺阿羅漢的話，遍會趣入大乘道，因為承許究竟一乘成立的緣故。因此在此派中，聲聞獨覺二者由於所斷與證類不同，以至於所得的果位也有勝劣之別。

　　大乘決定種姓者，發起最勝菩提心，而在上品資糧道的階段，依著法流三摩地從殊勝化身直接聽聞教授，依著修持其義而最初生起緣空修所成慧時，就升為加行道；於煖位時，削弱見斷的現行染汙所取分別心；獲得頂位時，削弱見斷的現行清淨所取分別心；獲得忍位時，削弱見斷的現行實有執分別心；獲得世第一法時，削弱見斷的現行假有執分別心。

　　煖、頂、忍、世第一法四位，依次稱為：明得三摩地、明增三摩地、入真實義一分三摩地、無間三摩地。

　　隨後以見道無間道斷除遍計煩惱障、遍計所知障及其種子，然後證得正解脫道與滅諦二者。說以九品修道漸次能斷十六修斷煩惱的種子，與一百零八修斷所知障的種子。最後依著續流後際無間道，同時斷除俱生煩惱所知二障，於第二剎那獲得無上菩提，這是決定種姓者證得果位的方式。

承許大乘涅槃與無住涅槃同義，並承許佛身的數量決定為四
種。聖解脫軍與獅子賢二位論師也只是對開示佛身的方式有諍
論，對於數量決定並無諍論。

對於佛經作出不了義經與了義經的論述，因為以世俗諦作為
直接顯示的主要所顯而闡示的經典，是不了義經；以勝義諦作為
直接顯示的主要所顯而闡示的經典，是了義經的緣故。承許《解
深密經》所說的初轉法輪是不了義，中、後二轉法輪則各有了義
與不了義二種。

第二科、經部行中觀自續派，分為三科：一、基；二、道；
三、果。

第一科：此派除了承許外境，但是不承許自證分之外，關於
根基的論述大致與前述相同。

第二科、道的差別：承許沒有證達法無我的決定種姓聲聞與
獨覺，並且不承許證達能取所取異質空之智，也不承許執取外境
的分別心是所知障。

第三科、果的論述：由於聲聞獨覺二者所斷諸障與所證無我
並無粗細之分，因此證類也沒有不同之處，且對二者都建立出八
向住的論述。

承許大乘決定種姓者依次斷除二障，因為《分別熾燃論》[63]
說獲得八地時斷盡煩惱障的緣故。但也不是像應成師那樣，承許
煩惱障未斷盡前不會開始斷所知障。除了這些不同的差別之外，
基道果的論述[64]大致與瑜伽行中觀自續師相順。

文間頌云：

承許自相雖然存在但無諦實[43]

宣說自續宗義的所有差別

杜絕自撰的這個妙說

那些自認為善巧者應當受持

63　**《分別熾燃論》**　中觀部論典，《中觀心論》的自釋，全名《中觀心論釋‧分別熾
燃論》，共11品，27卷，清辨論師著，尚無漢譯。清辨論師，中觀自續派及經部行
中觀自續派開派祖師，相傳為長老須菩提的化身（約公元6世紀），梵語
Bhāvaviveka及藏語ལེགས་ལྡན་འབྱེད（雷登傑）義譯，又名婆毘吠伽、婆毘薛迦、明
辯、分別明菩薩。生於南印度摩梨耶羅（Mālyara）的王族，出家修道，親見金剛
手菩薩，成就殊勝三摩地，依止龍樹菩薩學習中觀。由於龍樹菩薩所傳的中觀正見
涵義幽微，論師為了引導眾生漸次領悟，因而著述《般若燈論》、《中觀心論》、
《分別熾燃論》等論著，開創經部行中觀自續派學說，並且與法護論師展開中觀與
唯識之諍，也破斥同為中觀宗的佛護論師（Buddhapālita）的學說。《大唐西域
記》云：「婆毘吠伽（唐言清辯）論師住阿素洛宮待見慈氏菩薩成佛。」其中廣說
內外道的宗義，以經部行中觀自續派的見地，闡述人、法二無我等內涵。

64　**基道果的論述**　指各個乘的見地、所要修習地道與獲得的果位。有說心上的空性為
基，智慧方便雙運為道，法身、色身為果。然一般普遍而言，基指二諦，道指方便
智慧，果指法、色二身。參見《貢德大辭典》冊3，頁597。

第八章

解説應成派

解說應成派

　　第二科、解說應成派，分為三科：一、性相；二、字詞解釋；三、承許方式。

　　第一科：就連在名言中也不承許自相成立的說無性師，這是應成師的性相。事相即如佛護[65]、月稱[66]、寂天論師[67]。

65　**佛護**　中觀應成派開派祖師，龍樹菩薩七大心子之一，梵語Buddhapalita義譯。首創以應成論式解釋《中論》的密意。修持至尊文殊，即生證得持明悉地。著有《佛護論》，為解釋龍樹菩薩所著《中論》之注釋。

66　**月稱**　中觀應成派最具代表性的傳承祖師（約公元7世紀），梵語Candrakīrti義譯。生於印度南方，幼年通曉五明，後出家跟隨龍樹菩薩、聖天菩薩、清辨論師（Bhavaviveka）的弟子受學顯密教義，尤其盡學中觀論疏及密續。傳說曾任那爛陀寺住持多年，晚年回家鄉廣建寺院，住世三百多年，利生事業無數。著有《顯句論》、《入中論》、《四百論釋》等權威的中觀論疏和密教論典。對於此師是否為龍樹菩薩親傳弟子，歷來雖有各種說法，然在其所著的《密集根本續釋明燈論》中，自述為龍樹菩薩親傳弟子；阿底峽尊者所著的《入二諦論》中，也說此師是龍樹菩薩親傳弟子。參見《師師相承傳》冊上，頁162；《道次第上師傳承傳》，頁129；《東噶辭典》，頁1838。

67　**寂天論師**　偉大行派之傳承祖師（約公元7、8世紀），梵語Śāntideva義譯。生於印度金剛座西方。出家於那爛陀寺，學修顯密圓滿教法，內證高地，卻外現終日

第二科：為何名為「應成師」？答：因為承許只用應成就能讓後諍者的相續中生起證達所立的比量，所以如此稱呼的緣故。

第三科、宗義的承許方式，分為三科：一、基；二、道；三、果。

第一科：承許是成實的話遍自相不成立，因為承許凡是成實遍是唯由分別假立，而且承許這個詞句中的「唯」字即是排除自相成立的緣故。

成實、境、所知等同義。其中分為：一、分為現前、隱蔽分二者；二、分為二諦。

第一科：不依於因，以感受力就能證達的法，這是現前分的性相。現前、現前分、根的對境、非隱蔽的法四者為同義異名。事相即如色、聲、香、味、觸。

必須依著原因或因才能證達的法，這是隱蔽分的性相。隱蔽分、非現前的法、比量的所量為同義異名。事相即如聲音無常、聲音補特伽羅無我。因此，此派承許現前分與隱蔽分二者相違，所量三處也相違。

食、睡。該寺學僧為令其知難而去，刻意安排其上高座說法，未料說法當日，此師騰空而說《入行論》，遂渡空而去。後該寺學僧於其房椽得其親撰之《集經論》與《集學論》。參見《師師相承傳》冊上，頁174；《道次第上師傳承傳》，頁137。

　　第二科：是觀擇名言之量所得義，而且觀擇名言之量於自己成為觀擇名言之量，這是自己是世俗諦的性相。事相即如瓶子。開分時不區分正世俗與倒世俗二者，因為正世俗不存在的緣故。因為是世俗的話必須不是正確的緣故。因為是彼的話必須是顛倒的緣故。

　　不過，世俗區分為觀待於普通世間認知層面的正確與顛倒二種，因為色法是觀待於世間認知層面的正確，鏡中容貌的影像是觀待於世間認知層面的顛倒的緣故。是觀待於世間認知層面的正確的話，不遍存在，因為色法諦實成立即是彼的緣故。

　　是觀擇究竟之量所得義，而且觀擇究竟之量於自己成為觀擇究竟之量，這是自己是勝義諦的性相。事相即如瓶子無自性。支分如前。

　　另外，承許過去、未來、寂滅都是實事，並且也承許外境，因為承許能取所取成立為體性異的緣故。

　　「有境」的承許方式：承許依於自己的施設處──五蘊或四蘊而假立的唯我是補特伽羅的事相，而補特伽羅遍是心不相應行法。

　　覺知有量與非量的覺知二種。量有現量與比量二種。現量有

根現量、意現量與瑜伽現量,共三種。不承許自證現識,且有情相續中的根識遍為錯亂識。瑜伽現識有錯亂與不錯亂二種,因為無漏等引的體性所屬的瑜伽現識是不錯亂,凡夫相續中現證細分無常的瑜伽現識則是錯亂識的緣故。後者應當如此,因為是異生相續中的心識的緣故。

是再決識的話遍是現量,因為證達聲音為無常的比量第二剎那是分別心所屬的現量;執色根現識第二剎那是無分別所屬的現量的緣故。

比量可分為事勢比量、共稱比量、譬喻比量、信許比量,共四種。

即使對彼境錯亂,也與證達彼境不相違,因為承許證達聲音無常的比量雖然對於聲音無常錯亂,但是仍證達彼的緣故。是具有二現的心識的話,對於自己的顯現遍是現量,因為執聲音為常法的分別心對於自己的顯現是現量的緣故。是心識的話遍證達[44]自己的所量,因為兔子角的義共相是執兔子角的分別心的所量,聲音為常法的義共相是執聲音為常法的分別心的所量的緣故。

第二科、道的論述,分為三科:

第一科、道的所緣:承許補特伽羅能獨立的實有空是粗分補

特伽羅無我，補特伽羅諦實空是細分補特伽羅無我，色等諦實空是細分法無我[45]。二種細分無我是從空依事的角度區分，而不是從所遮的角度區分，因為在補特伽羅事上遮破所遮諦實成立，是細分補特伽羅無我；在蘊等事上遮破所遮諦實成立，是細分法無我的緣故。承許細分補特伽羅無我與細分法無我二者沒有粗細之分，都是究竟實相。

第二科、道的所斷：承許粗細我執及其種子，以及由此而生的三毒及其種子為煩惱障，因為承許諦實執是煩惱障的緣故。承許諦實執的習氣、由此所生的二現錯亂分與執取二諦為體性異之垢染為所知障。

第三科、道的自性：三乘都各有五道的論述，也根據《十地經》[68]對於大乘作出十地的論述。三乘的智慧證類並無不同，因為承許聖者遍現證法無我的緣故。

第三科、證得果位的方式：小乘決定種姓[46]者，僅僅以簡略正理修習無我見[47]，依此最後以小乘修道金剛喻定斷除諦實執及

68　《十地經》　華嚴部經典，全名《大方廣佛華嚴經·十地品》，即《華嚴經》第31品，共9卷。漢譯本有西晉竺法護譯《漸備一切智德經》5卷；東晉佛馱跋陀羅譯《大方廣佛華嚴經·十地品》5卷；後秦鳩摩羅什大師譯《十住經》4卷；唐尸羅達摩譯《佛說十地經》9卷；唐實叉難陀譯《大方廣佛華嚴經·十地品》6卷，共五種。

其種子，與此同時證得各自的菩提。中觀自續師以下的宗派，承許獲得無餘涅槃之前，必須先獲得有餘涅槃；但是此派則承許在有餘涅槃之前，必須先獲得無餘涅槃。

承許聲聞獨覺二者都有向住的論述，而且承許八向住其中一者遍是聖者。

大乘菩提的證得方式為：諸菩薩從無邊不同正理的角度廣修無我見而能斷諸障[48]。又其未斷盡煩惱障前，不會開始斷所知障，而能斷所知障是從八地開始。未曾先行[49]小乘道的菩薩，於獲得八地時斷盡煩惱障，最後依著續流後際無間道無餘斷除所知障，與此同時證得四身的果位。承許[50]涅槃與滅諦遍是勝義諦。

《解深密經》中所說的三法輪的初、後二轉法輪遍是不了義經，因為其中沒有直接顯示空性的經典的緣故。承許中轉法輪遍是了義經，因為《般若心經》[69]是了義經的緣故。

應成師的主要特徵，即是依著「依緣假立[70]」的抉擇詞，無餘破盡內外諸法自相成立[51]，而且在名言中僅僅唯名假有的狀態

---

69 《般若心經》　般若部經典，全名《薄伽梵母般若波羅蜜多心經》。此經將般若經廣博的內容濃縮為精簡的扼要意涵。參見《佛光大辭典》冊6，頁5435。

70 **依緣假立**　此處「緣」並非名詞，「依緣」為依靠、憑藉之義。

下，對於繫縛解脫、因果、能量所量等，不必依托他方[52]，懂得在自宗就無有爭議地安立。近來有些自詡見地高明的人說顯現方的諸法都唯是錯亂顯現，而執取如同石女兒一般徹底不存在，認定毫不作意就是最殊勝的修持。在這些人身上，嗅不出絲毫應成師的氣息。

因此，見到一切三有的圓滿盛事猶如熾然的火坑，而希求解脫的人們，應該無餘斷除一切相似法的惡見，並且對於一切宗義的頂尖——中觀應成派的宗軌發起最極致的恭敬。

第九章

文末祈願及後跋

文末祈願及後跋

結頌云：

環繞著教典黃金大地　文義甚深難見底

理路多端浪濤連湧　令劣慧愚者心生恐懼

流布出千道眾見之河　是聰慧鷗鳥嬉戲[53]之處

外內教典大海的實性　有誰能盡測[54]無遺

然而這與生俱來的大船

得加行順風善為吹送

抵達宗義大海的中心

如今獲得這善說的寶鬘

聰慧的少年們

若想在千萬智哲面前

廣開善說妙論的嘉筵

就應該研習這部自他宗義的精要

近來那些自詡為智者的厚顏者

未曾長久學習廣大[55]教典

為了汲取名利而賣弄著寫作的舞步

甘受辛勞真是令人感到稀奇！

智慧的虛空中現出善說千光之日

雖然讓惡說的睡蓮緊閉

卻使清淨教典百瓣蓮園

怒放著稀有妙義的笑顏

總集印藏智者論著的精華

清晰開顯而立下這無邊宗義之論

並非出自嫉妒比較之心

是為了增長與我同等福緣者的智慧

勤研此理所生的善行

就連明月的光輝也能映奪

願將一切眾生救出惡見深淵

以正道令其永得蘇息

　　這部《略攝內外宗義建立‧寶鬘論》，是應具足信心、精進、智慧的國師語王善緣以及比丘語王賢善二人之請，大德寶無畏王撰於水蛇年箕宿月[71]上弦。繕寫者為馬頭長壽。

　　薩爾瓦芒嘎朗。

　　大慈恩‧月光國際譯經院真如老師總監，如月格西授義。2020年12月4日，主譯譯師釋如法於多倫多初稿譯訖。於2021年7月18日，主譯譯師釋如法、主校譯師釋性忠、審義譯師釋性浩、參異譯師釋性說、釋性懷、審閱譯師釋性喜、釋性炬、釋性覺開始會校，至11月27日會校訖。2022年10月1日定稿。眾校譯師妙音佛學院預一班、預科122班、142班、143班。譯場行政釋性由、釋性回、釋性勇、妙音佛學院。譯場檀越陳拓維、陳姿穎、三寶弟子。

71　**水蛇年箕宿月**　即公元1773年藏曆6月。

四部宗義承許方式等各類問答
言教甘露滴鬘

༄༎ གྲུབ་མཐའ་བཞིའི་འདོད་ཚུལ་སོགས་རིས་ལན་སྣ་ཚོགས་ཀྱི་སྐོར་

ཞལ་ལུང་བདུད་རྩིའི་ཐིགས་འཕྲེང་ཞེས་བྱ་བ་བཞུགས་སོ༎

貢唐·寶教法炬大師 造

❀ 宗義差別總說

> 以清淨的智慧觀照
>
> 應機化導的導師金剛持
>
> 敬禮他以及執持其善說的會眾
>
> 我將按照教法的次第而作陳述

此復，四部宗義與顯密二宗，雖然普遍傳稱其高低次第，以及彼此之間無有相違而互為助伴，但這只不過是時常耳聞罷了。實際上，顯然難以徹底定解其高低次第是如何，因為四部宗義都是依靠佛經作為依據，這點是沒有差別的；也同樣都是在心境中經過正理善為觀擇，篤定地認為「如果較此有所增損就會墮入常斷二邊，因此基道果的真相必定如此存在」，而安立自己的宗義，承許唯此才是中觀道軌，其他都墮邊而作出破斥。所以，如果只是人云亦云，那麼或者就要承許四部宗義都是自宗，或者因為每一宗都被另外三宗所破斥，所以任何一宗都將無法承許。

如果認為：「那就依著佛經而分辨高低。」但其中基於所化機而宣說了種種內容，之所以會出現四部宗義，也是由此所致。因此佛經本身只會成為分辨了不了義的對象與所立，而不會成為

能立。

其他人說：「那就隨學一位被授記能分辨佛經為了不了義者。」固然必須得這麼做，但是被如此授記的大車有兩位，而這兩位又各別將佛經解釋為中觀、唯識宗，因此要隨學哪一位？

如果認為：「聖無著解釋為唯識[56]，是基於所化機所致，其實意趣與龍樹菩薩相順，所以要依靠中觀宗。」那麼假如說：「龍樹菩薩解釋為中觀，是基於所化機所致，其實意趣是住於唯識。」又該怎麼破斥？有很多人將《釋菩提心論》[72]等解釋成唯

---

72 **《釋菩提心論》** 無上瑜伽部的釋續類論典，龍樹菩薩造。漢譯本有今人見悲青增格西譯《菩提心釋論》。龍樹菩薩，中觀宗開宗祖師（約公元2世紀），梵語Nāgārjuna及藏語ཀླུ་སྒྲུབ（拿嘎周那）義譯。曾得佛親自授記，於佛涅槃後四百年當大興佛事。生於南印度毗達婆婆羅門族中，依薩惹哈大師出家受戒。任那爛陀寺執事時，以點金術供給僧眾飲食，樹立戒幢，驅擯不守戒者。曾三次宣大法音，廣弘大乘。後因樂行賢王的王子乞求菩薩施予頭顱，菩薩效仿世尊捨身布施，遂以乾茅葉斷頭示寂。相傳住世近700歲。著有中觀理聚六論、《法界讚》、《五次第》、《大智度論》等顯密論典。主要弟子有聖天、佛護、清辨、月稱等。此論依據密集金剛所說「一切實質悉遠離」等頌，開演勝義、世俗二菩提心的內涵。

識宗，唯識論師也大多承許《中論[57]》[73]、《四百論》[74]等為唯識宗。

又假如說：「雖然二大車都被授記，但是許多經續當中授記龍樹菩薩無餘破除常斷二邊，開顯究竟的教法心要[58]，對於聖無

---

73 《中論》　中觀部論典，中觀理聚六論之一，又名《中觀論頌》、《根本慧論》，共27品，449頌，龍樹菩薩造。漢譯本有姚秦鳩摩羅什譯《中論》4卷。本論即龍樹菩薩第二次宣大法音期間，以《般若經》中一切法無自性的意涵作為主要所詮而著。此論亦為漢傳三論宗主要教典之一，為後代所有中觀師奉為圭臬。參見《藏漢大辭典》，頁2210；《佛學大辭典》，頁353（丁福保編，台北：佛陀教育基金會，2012）。

74 《四百論》　中觀部論典，中觀宗根本論典之一，全名《四百論頌》，又名《百論》，共16品，400頌，聖天菩薩著。漢譯本有唐玄奘大師譯《廣百論本》1卷；今人法尊法師譯《四百論頌》，共二種。聖天菩薩，二勝六莊嚴之一（公元2世紀）。其傳記有漢、藏二說，漢傳記載菩薩降生於南印度婆羅門族，辯才絕倫，名揚四方。依龍樹菩薩出家，學道有成，周遊教化，以神通力調伏南印度王，曾於三個月內度脫百萬人。後因一邪道弟子，其師為聖天菩薩所敗，心懷恥恨而暗殺菩薩。藏傳說法為菩薩從獅子島（今斯里蘭卡）國王花園的蓮花中出生，出家成為龍樹菩薩近侍弟子。曾代師赴那爛陀寺，降伏大外道馬鳴，令其歸順佛教。著有《四百論》、《攝行明炬論》等顯密論著。關於本論，護法論師將此論分為兩部，前八品名《法百論》，後八品名《辯百論》，然月稱論師將此視為同一部論著而解釋。玄奘大師依據護法論師認為的《辯百論》而譯此論後八品，名《廣百論》。法尊法師所譯《四百論頌》，後八品大致是依玄奘大師譯本譯出，僅少許不同處依藏文本改動。因全論有四百頌，故名《四百論》。依月稱論師之解釋，論名原無「四」字，在梵語中「百」字同時有破除之意，由於此論能破除各種邪執，故名「百」；能斷除實執，故名「論」。本論依龍樹菩薩之密意闡述道次第，特申諸法無自性，以及解脫生死一定要現證細分無我之宗見。前八品主要說明世俗行之修法，後八品是依勝義諦抉擇諸法空理。參見《法尊法師全集》冊1，頁128（楊德能、胡繼歐主編，北京：中國藏學出版社，2017）；《貢德大辭典》冊4，頁542。

著則沒有這樣的授記。而在《二觀察續》[75]中，宣說從下依次學習教法次第的道理時，以中觀宗為最上，這些都成立中觀師是最殊勝的。」

就算是如此，但其他三部宗義的順序又要從什麼角度來判別？說外境師承許色法心識二者皆為諦實成立，雖然與初轉法輪相順，但唯識師承許心識諦實成立與外境畢竟無，則一併墮入了常斷二邊，一併失壞二諦，以及失壞了對法[76]與《般若經》二者的密意，這是聖天與月稱論師所說的。清辯論師等也未順應唯識師，而是順應經部師，因此說外境師難道不比唯識師超勝嗎？

又，就如婆沙宗不承許自證分，而經部師安立了自己領受自己的孤立能取相，也有許多時候婆沙宗更加合乎事實，因此這兩宗又以何者為勝？雖然有時會比某一方低劣，但有時又會比某一方超勝，所以不能從單一方面去判別總體的優劣。也有下部只是說法比較好，但意涵上卻沒有比較超勝的情況，下文會再解說。

75　《二觀察續》　原名《呼金剛續王》，是喜金剛的略根本續。由原有三十二觀察、三萬品、五十萬頌的廣根本續攝略而成，二觀察、二十三品，故名。

76　**對法**　共有上下二部對法，上部《對法》指《阿毗達磨集論》，下部《對法》指《阿毗達磨俱舍論》。此處應指《阿毗達磨集論》。

如果認為：「可以從無我見的角度判別。」對於一個正見理解很透徹的人而言，固然是如此，但是像我們這樣的人，卻還得透過宗義的優劣回頭成立誰的見地超勝，因此能立其實等同於所立。

所以，從種種粗細意涵上觀擇的話，就能透過一事而對另一事發起定解，繼而證達總體的意涵。就像幼兒長大時，對所有事的能力都會成長，絕不會只專對一件事的能力有長進，而其他事都維持原狀。同樣地，內在的慧力也如《入行論》中所說的[77]：「庸常世間者，瑜伽師所破，瑜伽由慧別，為上上所破。」當循序增進時，對於任何境進行觀擇的時候，都會由上勝過下。

著作了宗義論述的先輩大師們，雖然也是這麼說，但是只有把各自宗派的承許方式分成各個單元，並未舉出一個個事例，結合能突顯出各自宗義安立界限粗細的方式而宣說。劣慧者難以靠

---

77 **《入行論》中所說的** 《入行論》，中觀部論典，全名《入菩薩行論》，寂天菩薩著。漢譯本有今人如石法師所譯《入菩薩行》。此論主要闡述中觀應成派大乘道果的內涵，並詳盡說明發菩提心的勝利，以及發心以後學習菩薩行的道理。引文如石法師譯作：「一般世間師，瑜伽師所破，復因慧差別，層層更超勝。」《入行論賈曹傑釋》中，賈曹傑大師解釋最後一句之意涵包含四禪八定之上定勝於下定，及菩薩十地之後勝於前。見《入菩薩行》，頁93，（寂天菩薩造，如石法師譯，台北：福智之聲，2010）；《丹珠爾》對勘本冊61，頁1017。

著自力整合上下部，所以在此將基道果各部分比對上下部的宗軌，簡略地解說尋求見地方式的方向。

❀ 補特伽羅的安立方式

必須以「我」作為一切繫縛與解脫的基礎，所以在這點上，一切內外道都不一致。特別是內道諸師，此安立界限如果太過偏向於成立方面，就會違背諸法無我的法印；如果太過偏向於遮破方面，則會失壞業果的基礎，所以連增上生的門徑都會被破除。想到這些問題，便要極為警惕，守住符合各自慧力的安立界限。

經中說[78]：「如依諸支聚，而說為馬車，如是依諸蘊，說世俗有情。」這一切內道安立補特伽羅的方式，所依靠的根據無一例外都是這段經文，但是闡發詞句力量的方式不同。

說外境師大多認為，「諸蘊」必須指單一的五蘊，並且必須依著單一而安立聚體。所以經文之義是指，必須將這樣單純的蘊聚安立為補特伽羅，這是「依諸蘊，說世俗有情」這句經文所清晰開示的。

---

78 **經中說** 此文未見明確的經典出處，然《入中論自釋》中有完全一樣的文，《俱舍論自釋》有引相似的文。見《丹珠爾》對勘本冊60，頁792；冊79，頁887。

唯識諸師說：補特伽羅的假立義必須找得到，而又不可能存在於蘊體之外，所以必須在這蘊體之中[59]尋找而獲得，這是「依諸蘊」的意涵。而在其中尋找時，其他諸蘊不能成為補特伽羅的事相，因此只能安立阿賴耶識，這是用正理成立該段經文義理的方式。

自續諸師說：由於說了依著諸蘊而安立補特伽羅，所以間接透露出必須有另一個能安立，至於是何者？由於不能僅依分別心而安立，因此必須透過一個對於境的自相不錯亂的無害覺知顯現的力量而安立。但是僅僅於其中顯現還不夠，也必須從施設處那方面成立，因為如果不觀待於從那方面成不成立，就會產生「人的蘊等應當成為其他眾生的施設處」的過失。因此「依諸蘊」從遮破方面來說，不觀待於其他能安立就不成立；從成立方面來說，從施設處自己這方面也必須成立，所以有雙重意涵。

應成師則透過這段經文本身破斥了上述這一切，對說外境師說：你將單純的蘊聚本身安立為蘊[79]，這應當不合理，因為必須依著單純的蘊聚而安立補特伽羅的緣故。周遍，因為依著天授而

---

79 **蘊** 依上下文觀之，私謂此字應作「補特伽羅」為宜，然各版本皆作「蘊」，故仍依原文譯出。

站起的必須是天授以外的另一人，沒有自己依著自己而站起的道理的緣故。如果說：「是依著蘊而安立補特伽羅，但是經中沒有說依著單純的蘊聚而安立補特伽羅。」這也不合理，因為經中直接宣說了依著單純的部件聚體而安立馬車，而且這二者必須喻義結合的緣故。另外，單純的馬車部件聚體應當就是馬車，因為單純的蘊聚就是補特伽羅的緣故。如果承許的話，能所就應當成為一，或者就會與經文直接相違。

破斥唯識師道：你切分了蘊，在此之中唯獨將識安立為補特伽羅的事相，這應當不合理，因為經中在開示其事相時不作區分，沒有差別地說「諸蘊」，與此相違的緣故。如果說：「雖然是說『諸蘊』，但是在此之中以正理尋找時，不得不落在阿賴耶識，因此將總名主要結合於別相，而開示阿賴耶識。」這也是與經文相違，因為經中沒有說諸蘊是補特伽羅，而是說依此安立補特伽羅的緣故。

對自續師說：你承許補特伽羅是從施設處諸蘊方面而成立，這應當不合理，因為經中是說依著施設處諸蘊而安立的緣故。周遍，因為從施設處方面而安立的話，就屬於施設處一方，而不會成為假立法的緣故。譬如由於此山觀待於彼山，所以沒有從彼山

那方面成立的道理;以及由於長觀待於短,所以沒有從短那方面成立的道理的緣故。

❀ 幻化喻

經中也多次出現幻化的譬喻,因此四部宗義都承許,但是敘述譬喻的方式則不同。婆沙諸師認為,如同幻化牛馬等雖然在當時存在,但收攝幻化時就消失了,以此比喻此生的身及諸受用在死時都會捨卻的粗分無常或續流無常。

經部諸師認為,就如幻化的樣貌每一剎那都在變化,以此比喻不觀待於後起之因,一出生就具有壞滅法性的剎那無常。

唯識諸師認為,就像從木石方面並沒有牛馬,只不過是被咒物影響的心識的顯現分而已,以此比喻從外境事物方面不成立,唯安住於內在心的本性。

中觀師認為,以此比喻只是透過覺知中顯現的力量而安立,並非諦實成立。但是自續師承許諸法從施設處方面成立,因此在比喻時,承許幻化牛馬也是從變化事方面成立,因為他們說:「如果不必從變化事方面顯現的話,就會產生『沒有變化事,只要被咒物影響就應當能顯現為牛馬』的過失。」應成師說:「將

此顯現為牛馬，不是由於從那方面成立所致，而是由於該覺知是否將其假立為牛馬所致。就如執兔子角的分別心雖然執取兔子角，卻未執取石女兒，這不是由於對境有無所致，而僅是由於分別心是否假立為彼所致一般。不僅如此，如果是從木石[60]那方面而顯現為馬，那麼即使眼睛未受影響也必須顯現為馬；受了影響時，也必須只顯現為馬，而不可能將變化事顯現為牛，因為僅由覺知所假立還不夠，要從變化事自己那方面顯現為馬的緣故。這些成立方式，就是《入中論》中[80]「此於真實雖無生，然不同於石女兒，非是世間所見境，故汝所言不決定」的成立方式。

❀ 慧力下劣的宗義承許

他部也有單純的增上生道，但是其中的順世師毀謗說：「除了現在自己直接顯現的這些人道之外，上界與天人等其他增上生，以及前後世等等超越根現識對境的事物都不存在。」也基於

---

80 **《入中論》中** 《入中論》，中觀部論典，中觀應成派解釋《中論》的重要釋論之一，又名《入中論頌》，月稱菩薩著。漢譯本有今人法尊法師所譯《入中論》。此論以深廣二種角度解釋《中論》的密意，透過闡明一切法無自性的道理，成立不共於自續、唯識的立宗。引文見《法尊法師全集》冊1，頁220；《丹珠爾》對勘本冊60，頁574。

這個原因而不承許比量。因此，其慧力極其下劣，是最低劣的宗
義，不僅自部這麼承許，他部多數也這麼承許。

　　同樣地，內道四部宗義雖然都在抉擇決定勝道，但由於婆沙
宗慧力極其下劣，對於大多數的究竟決定勝功德，心中都無法容
受，所以僅以所顯現的程度為主，而毀謗了大多數的不可思議
處。其中對於願力、定力、自在力受生的方式，以及由無明習氣
地[61]與無漏業力受生的方式等等，內心也都無法容受，因此承許
只要受生，就必須由業惑之力而出生。由於這個原因，所以承許
連悉達多王子也是異生，以及承許佛陀的色身也是苦諦，摧伏蘊
魔必須到達無餘涅槃，受生之處的剎土也只有業惑所生，而不承
許淨土。由於前面的原因，且對於後際無窮盡這點心中無法接
受，以至於承許佛陀與諸阿羅漢入無餘涅槃時，物質與心識二者
的續流都會斷絕。三無數劫積聚資糧的果僅僅維持幾年，這是顛
倒因果。雖然他們辯解道：「佛陀自己雖然不住世了，但是他將
其他所化機安置於成熟與度脫，而他們又輾轉將其他人安置於成
熟與度脫，所以事業相續不斷。」但是後後仍須從頭修持因，所
以無法遠離「先前佛陀的事業應當只有這麼少分」的過失，因此
還是成為毀謗了不可思議處。

對於一顆心同時證達一切諸法的道理,心中無法接受,因此不承許一切相智。如果說:「那麼我們的導師就應當不是一切智人了!」對此雖然辯解道:「由於斷除了無知四因[81]等等而沒有能障,所以只要想到什麼就能夠了知,這是了知一切的方式。」然而,如果必須依次各別去想無邊的所知,那就不可能會有了知一切的方式,過失依舊存在。

他們說其他剎土的導師都是外處,這也是由於心裡無法接受示現種種受生樣貌的道理所致。若是如此,那麼承許這個剎土中吾等導師是補特伽羅,也只不過是一廂情願而已,因為處於其他剎土的婆沙諸師會說該剎土的導師是補特伽羅,而此處這些都是外處。這兩者之間沒有理由會有真假的差別。總之,只不過是等起沒有過失而已,對於佛的身語意事業等廣大的類別,心裡都無法容受,所以大多數的承許方式都只會成為毀謗。

如果心想:「說外境師承許外境,而唯識師不承許,因此在這點上,下部宗難道不比較善妙嗎?唯識師承許遍計所執唯由分別心假立,而自續師不承許,所以從這點而言,唯識宗難道不是

---

81 **無知四因** 四種無法遍知一切法的原因。分別為:法義甚深細微而不了知、境域太過隱蔽而不了知、時間太過久遠而不了知、所知的支分及行相過於浩瀚而不了知。

更為善妙嗎?」並非如此,說外境與唯識二宗諍論有無外境的核心,是認為如同瓶子——一個不觀待於心的習氣成熟等任何條件,從極微塵積聚之上,本身就會成為獨立[62]鮮活[63]的分別心所耽著事,所以這在應成派中也不存在。思考其意涵的話,唯識師是正確的,並且就像世親論師從經部師轉成唯識師時,正是破除了這個所破之後,心智更加高超。唯識師雖然說遍計所執是唯由分別心假立,但是「唯」字只否定了「從因所生」以及「成立為聖者等引智境」,並不懂得否定有一個在境上成立的特徵。自續師能現起「唯」字的力量否定了有一在境上成立的特徵的道理,而不承許遍計所執為彼,所以這是兩個宗派中後者心智較高的象徵。

❀ 顯教匯歸於密教的道理

關於詢問顯教匯歸於密教的道理,答道:譬如要從低處的平原走上山頂,必須是平原的盡頭漸高,而山腳漸低,否則就無法走上去;同樣地,顯教匯歸於密教的方式,也是顯教的說法越趨高深。下乘當中雖然沒有提到煩惱轉為道的助伴,但是《勸發增

上意樂》當中[82]則說有的煩惱會成為菩薩的助伴，也開許了身語七種。這雖然不是像密教的將貪欲轉為道用以及威猛誅法，然而是趨向於此的象徵。其他經典沒有所謂的隱義，但《般若經》中卻有，這是因為《般若經》是經中最崇高的一部，因此趨向於密教四理[83]等等的象徵。並且說四理最初也是從詞義開始往上引導，就像是對幼兒伸出手指，引導其視線而指出月亮。所以由於經中具備了文義總義二者，由此也可以了知這就是導向密教。

另外，密教的主要特色即是本尊瑜伽與調伏風息的方便二者，而顯教匯歸於前者的道理為：婆沙宗承許佛陀的色身為物質，在無餘涅槃時，物質與心識的續流都會斷絕，所以現在皈依

---

82 《勸發增上意樂》當中 《勸發增上意樂》，寶積部經典，全名《聖勸發增上意樂大乘經》，共2卷。漢譯本有唐菩提流支譯《大寶積經‧發勝志樂會》2卷。此經因緣為佛在鹿野苑時，彌勒菩薩勸發許多菩薩精進修道，並引領其中六十位菩薩向佛陀請益。相關段落唐菩提流支譯《大寶積經‧發勝志樂會第二十五》作：「佛言：『彌勒！若說菩薩為欲圓滿菩提分故攝取生死，說諸煩惱能為菩薩利益之事。如是辯才諸佛如來之所宣說。何以故？彌勒！此諸菩薩得法自在，所起煩惱無有過失。是為菩薩善巧方便，非諸聲聞緣覺境界。』」引文見《大正藏》冊11，頁523；《甘珠爾》對勘本冊43，頁390。

83 **密教四理** 指文義之理、總義之理、隱義之理、究竟義之理，為闡發密續教典意趣的四種解釋角度。

時，是由願力施予加持，就如同說「死亦有加持[84]」，而承許真正的該境已不存在。經部師承許色身為佛陀，所以比前面好一些，但是未宣說修持佛身。然而這兩宗都有奉行《毗奈耶經》[85]中所說的繪製世尊像，由於世尊像是修持的所緣依處，所以僅僅有個緣起之門。波羅蜜多乘說[86]：「隨智所遍處，身亦遍於彼。」又說[87]：「諸凡作意能仁月，能仁恆時住彼前。」提到觀

---

84 **死亦有加持** 引文出自《俱舍論》，唐玄奘大師譯《阿毘達磨俱舍論本頌》作：「有死留堅體」，意指也有死後加持遺體留存不壞的情形。見《大正藏》冊29，頁323；《丹珠爾》對勘本冊79，頁54。

85 **《毗奈耶經》** 毗奈耶，梵語Vinaya（विनय）音譯，義為調伏。此處指律典。

86 **波羅蜜多乘說** 引文出自《如來祕密經》。《如來祕密經》，寶積部經典，全名《佛說如來不思議祕密大乘經》，共10卷，25品。漢譯本有西晉竺法護譯《大寶積經‧密迹金剛力士會》7卷；宋法護譯《佛說如來不思議祕密大乘經》20卷，共二種。此經因緣為寂慧菩薩祈請金剛手菩薩為大眾宣說如來祕密之法，金剛手菩薩起初默然而住，後經世尊教敕而開示了菩薩身語意三密的內容。引文宋法護等譯《佛說如來不思議祕密大乘經》作：「由其佛智廣大故，佛身廣大亦復然。」見《大正藏》冊11，頁718；《甘珠爾》對勘本冊39，頁364。

87 **又說** 引文出自《三摩地王經》。《三摩地王經》，經集部經典，全名《聖開演萬法自性真如三摩地王經》，共15卷，39品。漢譯本有高齊那連提耶舍譯《月燈三昧經》10卷。此經因緣為佛在王舍城耆闍崛山，月光童子菩薩啟問佛為何能為世間作大光明，遠離三業雜染，戒行清淨，得勝智慧。佛說：於眾生起平等心、救護心、無礙心、無毒心，依此證得諸法體性平等無戲論三昧，即能獲得如是功德。並開示如何獲得此三昧法，及獲得此三昧的各種利益。引文於漢譯本中未見相應段落。藏文引文見《甘珠爾》對勘本冊55，頁234。

修在面前，但是未宣說觀修自己為佛身。事部中存在著有無自生二種，這也是要將顯教所化機往上引導的方便，因為必須依序從沒有自生、有自生但是只修習誓言尊，直到智慧尊與之融合，就像用食物來調教馬兒一般。所以在這如同顯密的交界處，漸次由粗轉細。

《毗奈耶經》中提到以足釧與耳飾以外的莊嚴供養世尊像，所以即使按照小乘的說法，也有近似於能轉化為本尊相的能力。波羅蜜多乘中也說到了報身，而事部的主尊立三三昧耶的壇城等等，就如密教的總體形式，主尊是化身的行相。瑜伽部的天眾呈現為出家行相等，也是來自前面的餘緒。行部以智慧尊融入的方式為主，瑜伽部對此以四手印封印而越加深邃，無上密則不僅僅是生起而已，還以三身轉為道用的方式生起，更加進一步區分粗細身心，而宣說智慧身現起的道理。

顯教匯歸於風息瑜伽的道理：婆沙宗修習的方式，只有提到[88][64]「數等六種相」，上部對法較此更加增廣，其道理就如

---

88 **提到** 引文出自《俱舍論》，唐玄奘大師譯《阿毘達磨俱舍論本頌》作：「有六謂數等。」見《大正藏》冊29，頁320；《丹珠爾》對勘本冊79，頁43。

《色無色廣論》中所說[89]。更加殊勝的是《入行論》中提到結合風息，從取捨的角度修習自他相換的道理，這雖然不是真正的密教，但卻是順應於密教以果為道的口訣，所以提到[90]「殊勝秘密」。下部密續中宣說依著風息而生起暖樂，以及風息本身的聲響會發出咒音等等。無上密則宣說了透過將其出入住三者作為咒語的金剛誦修，而將風息融入中脈的究竟口訣。

同樣地，關於隨念佛陀的意涵，下部宗解作隨念功德與恩德；共通大乘則解作智眼所觀見而安住，以見證的方式隨念天尊；密教則隨念自己為天尊而生起我慢與明相。

❀ 心與心所的論述

關於詢問所謂「心與心所實質相應[91]」之義為何，答道：實

---

89 **《色無色廣論》中所說** 《色無色廣論》，全名《色無色論述‧佛教美飾教理大海善緣歡喜》，一世妙音笑大師著，尚無漢譯。此論為作者40歲時著於格佩山上，其詳盡辨析止觀、四禪八定之體性與支分、生起方式等。相關段落參見《遍智妙音笑大師文集》冊13，頁105。

90 **提到** 引文出自《入行論》，今人如石法師譯《入菩薩行》作：「勝妙秘密訣。」見《入菩薩行》，頁84；《丹珠爾》對勘本冊61，頁1010。

91 **實質相應** 指心與心所之間必須相同的五件事之一，意即一組心心所聚體中只會出現一個心王，其從屬之各類心所亦只會出現一種。例如：一組心心所中只有一個意的識，其從屬的受心所也只會有一種受。

質相應是指這二者同樣都是單一實質。這之中含有與修持相關的重大理解。雖然已辨明心的體性為唯清晰明了，但是如果不各別辨明心所的話，就會把昏沉[65]等某些愚癡分誤認為定，把一些貪分所屬錯認為慈悲、信心等，以及把惡見錯認為智慧等等。由於分別心很狡詐，以至於會像臣子奪權篡位一般，很難了知心到底是成為善還是不善。因此大德們都說，要修行就必須學習《集論》，或者至少要學習一部像《五蘊論》[92]這樣的教典，並且宣說了許多對於心與心所的辨識，原因也是如此。

而就像在群臣之中，自己必須知道當時主要是誰造成了利益與損害，而進一步去想辦法解決。同樣地，雖然有許多心所，但必須能指出：善於以自力領受對境的那一分，就只有「受」這個實質；明察分辨「這是這個」的，就只有「想」這一者。特別是誰蒙昧於實相而作為輪迴根本，還有是誰能以自力證達實相而從輪迴解脫，如果沒有追根究柢去辨認的話，就無法獲得切中要害的認明所斷對治的修持方式。

92　**《五蘊論》**　唯識部論典，共1卷，世親菩薩著。漢譯本有唐玄奘大師譯《大乘五蘊論》1卷。本論闡明佛所說五蘊中的細緻分類及個別性相，並兼略說明十二處、十八界等法。

聖域的宗義論師們，也正是基於心懷此目的，所以隨教行唯識師說：「能障蔽實相的無明決定唯是非見無明，如果還有一個見所屬的無明，而有兩個無明的話，那就損壞了實質相應。」意思是說，譬如指認了某個人是小偷時，如果又另外指認餘處的另一個人是小偷，就會變成無法判定；同樣地，尋找著什麼才是三有的根本，一度能辨認出無明的，將會有失去目標的疑慮。

隨理行唯識師與中觀師等的回答方式則是：如果將兩個作用沒有差別的無明，安立為同一個心的從屬，確實會損壞實質相應，但此處非見無明只是以自力障蔽實相，壞聚見則是以自力顛倒執取，因此作用不同。而在這之中，最大的過失還是壞聚見所造成的，就像相較於在黑暗當中看不到繩子的全貌，看成是蛇更會生起恐懼；同樣地，相較於單純的蒙昧，壞聚見本身才是貪瞋等等的主因，所以《釋量論》中說[93]：「說邪緣無明」，《入中論》的密意也與此相同。由此也能闡發出《經莊嚴論》中[94]「由

---

93 **《釋量論》中說** 引文見《釋量論》，頁80（法稱論師造頌；法尊法師譯，臺北市：福智之聲出版社，2007）；《丹珠爾》對勘本冊97，頁519。

94 **《經莊嚴論》中** 《經莊嚴論》，唯識部論典，全名《大乘經莊嚴論》，又名《大乘莊嚴經論》、《莊嚴經論》，共21品，至尊慈氏著。漢譯本有唐波羅頗蜜多羅所譯《大乘莊嚴經論》24品；今人寶僧譯《大乘經莊嚴論寶鬘疏》所載的頌文，

不見有見無故，即為如是黑闇相」的譬喻的力量。

❀ 斷除輪迴根本的論述

　　聖域四部宗義的所有智者作了大量觀擇，其主要目的就是斷除輪迴根本的方便，因此由於慧力的差別，可以見到依次是越來越深細。婆沙師只見到了由愛趣入於境的道理，唯獨將此安立為輪迴根本，而未能接受我執作為輪迴根本的道理。並且說：愛是所謂「有事所斷」，所欲求的事物實際存在，是對這樣一種境界耽著為悅意[66]相；像我執這樣的無事所斷，是透過執取相直接相違的對治而根除貪著境，對於有事所斷而言並沒有這樣的斷除方式。由於這個原因，所以也必須安立：即使獲得阿羅漢，也會在遇到所欲求事物這種對境的因緣下退失果位。當敵宗對此問難道：那麼解脫就不可保信了？雖然會辯解道：「從果退無死」[95]，但這依舊不合理，根源就在於沒有辨識出輪迴根本。由

共二種。至尊慈氏，賢劫當來第五尊佛，又名彌勒、紹勝尊、阿逸多等。引文唐波羅頗蜜多羅譯《大乘莊嚴經論》作：「闇故不見有，亦復不有見。」參見《大正藏》冊31，頁598；《丹珠爾》對勘本冊70，頁815。

95　「從果退無死」　引文出自《俱舍論》，唐玄奘大師譯《阿毘達磨俱舍論本頌》作：「一切從果退，必得不命終。」見《大正藏》冊29，頁322；《丹珠爾》對勘本冊79，頁48。

於未辨識出主要的所斷,所以也無法判定能斷的對治,而會說在最後加行道時主要修習無常苦等哪一者,其見道苦法忍就會生起為具足該行相。

經部師雖然知道「輪迴根本必須是我執」的一個方向,但是只辨識出粗分我執。同樣地,雖然他們心想主要的對治必須是修習無我,但是未能安然接受現前現起彼的方式,所以會說是由法忍將無常等作為顯現境而間接證達。

唯識師心想,在這之上必須有一個大乘宗規的特殊所斷[67],而這也名為「障礙獲得一切智智的所知障」,亦即必須有一個在一切法之上顛倒趣入而作增益者。於是他們加上一種粗分法我執,而承許補特伽羅我執與此二者皆為輪迴根本。他們雖然不像經部師那樣,在法忍的執取相中安立一個有為法,但還是在類忍中安立,可見這是受下部的影響而仍未抓準目標的象徵。

自續師雖然證達「實執作為輪迴根本」的方向,但是仍未辨識出細分實執;且安立三乘的智慧證[68]類相異,以及由此導致將下部宗義所承許的那些我執也都安立為輪迴根本,做不到斷一取一。

應成師認為,雖然有另一個障礙獲得一切智智的所知障,但

是無論就三乘哪一者的角度而言，同樣是以細分實執作為主要障礙獲得解脫的輪迴根本，並且其能斷也同樣都是修習無諦實，所以能夠安立：「只有這才是唯一寂靜門。」

他們依次就像在辨認小偷時，一開始連方向都不知道；知道了方向但辨識不出城鎮；在這之中對某些人產生懷疑，以及能夠指出就是某人一般，步步[69]接近關鍵而更加超勝。如果見到這點，就會對一切宗派都生起信心，也會獲得對於宗義排序的定解，以及對於上上宗派更強的信心，尤其會對世尊鑑於所化的次第而說法的方式獲得信心。

✿ 種姓的安立方式

由於安立輪迴根本的方式不同，以至於對修習解脫道的所依種姓的安立方式也不一樣。婆沙師以愛作為輪迴根本，所以會說種姓的體性為少欲知足。

唯識師認為，一切輪迴涅槃都必須從阿賴耶識之上產生，所以也將種姓安立為在此之上堪能生起無漏智的一種能力。

應成自續二派雖然同樣都將心的實相諦實空安立為種姓，但是關於其淨除見修所斷垢染的清淨分依次成為滅諦的道理，以及

此滅諦在自己之上得見的道理等等，自續師做不到像應成師那樣平穩的安立方式，這是由於別別安立三乘智慧證[70]類所致。

對於「法界無分別」[96]等文的問答，自續師沒有採用「三乘同樣都是修習心的法性，但是由於能攝持的方便分等等不同，所以產生力量大小以及優劣之別」這一回答，而是答道：「就像虛空容許一切有色存在，心諦實空也為三乘道開啟了機緣，所以同樣都是作為所依，然而各各道的體性是不同的。」由應成師來判斷的話，如果沒有一個作為因而成為種姓的道理，單單只有這種作為所依的方式，這時同樣也開啟了煩惱生起的機緣，所以也應當成為煩惱的所依等等，會落入毫無係屬的過失。依著這個原因，所以聖解脫軍雖然將《二萬頌光明論》[97]寫成自續派論典，

---

96 「**法界無分別**」 引文出自《現觀莊嚴論》。《現觀莊嚴論》，般若部論典，全名《般若波羅蜜多教授現觀莊嚴論》，共八品，至尊慈氏著。漢譯本有今人法尊法師譯《現觀莊嚴論》。本論主要闡述《般若經》的隱義現觀八事七十義的內涵，八事分別為：一、遍智；二、道智；三、基智；四、圓滿一切相現觀；五、頂現觀；六、漸次現觀；七、剎那現觀；八、法身。為藏傳顯教波羅蜜多學之根本論典，有許多印度大德為之註疏，現今為格魯三大寺必讀典籍之一。今人法尊法師譯《現觀莊嚴論》作：「法界無差別」。見《法尊法師全集》冊1，頁19；《丹珠爾》對勘本冊49，頁7。

97 《**二萬頌光明論**》 般若部論典，全名《聖般若波羅蜜多二萬五千頌現觀莊嚴論釋》，共8品，聖解脫軍著，尚無漢譯。此論為首部結合《般若經》與《現觀莊嚴論》而解釋的論著。

卻在這些問答的段落順應於應成師。

《四百論》中說[98]：「法界無別故，汝乘無差別」，如果也是指以法界一味的抉擇詞成立究竟無別別乘，那麼輪迴涅槃也就會成為無別。所以其意涵必須解為：緣著該意涵而作為主要的修持，由此在其體性中盡除垢染，這樣的法界都是相同的。如此解釋的話，詞義二方面都會與《現觀莊嚴論》該文極其相似。

唯識師以下都承許種姓諦實成立，由於這個原因，所以安立究竟三乘。中觀師則主張心被汙垢所染汙這點也不是諦實成立，而是觀待成立、可以改變。因為這個要點，所以一切有情必定都會成佛。而隨學《釋量論》的唯識諸師以「常故無便故」[99]等文成立究竟一乘，也是歸向於中觀正理的宗風。因為除了所破的差別，「現種種諸義」[100]等離一異的正理，以及「由是暫時

98　《四百論》中說　引文未見於《四百論》，見於《法界讚》。見《丹珠爾》對勘本冊1，頁192。

99　「常故無便故」　引文譯法同正文。見《釋量論》，頁70；《丹珠爾》對勘本冊97，頁513。

100　「現種種諸義」　引文譯法同正文。見《釋量論》，頁119；《丹珠爾》對勘本冊97，頁544。

性」[101]等觀待而成立的正理等成立的方式，都與《中論》、《入中論》等的宗風相符，這樣的例子極其眾多。

　　種姓的承許方式不[71]同，對此如果也善加理解的話，其中自有現為修持的道理。因為與其對初修業者宣說心諦實空是種姓，不如說少欲知足是聖種。因為如果說：「所謂的種姓[72]，就是根本因或者種子，以及界的意涵，所以如果追求解脫的果位，就必須安住於少欲知足。沒有這個基礎，修行解脫道的辦法就徹底不存在。」這麼說更能[73]調伏內心，因此能有義利。基於這個用意，《法華經》[102]也將「只要下劣法衣就能知足等」四者，說為聖種。

---

101 「**由是暫時性**」　引文譯法同正文。見《釋量論》，頁76；《丹珠爾》對勘本冊97，頁516。

102 **《法華經》**　經集部經典，又名《妙法白蓮華經》、《妙法蓮華經》，共28品。漢譯本有西晉竺法護譯《正法華經》10卷；姚秦鳩摩羅什譯《妙法蓮華經》7卷；隋闍那崛多與達磨笈多譯《添品妙法蓮華經》7卷，共三種。智者大師《妙法蓮華經玄義》提到，此經主要說明如來雖在眾多經中宣說三乘道，但佛的本懷只有一佛乘，故稱「妙法」；以蓮花譬喻此道理的清淨無染，故稱「蓮華」。參見《大正藏》冊33，頁682；冊9，頁7、8；《甘珠爾》對勘本冊51，頁47。

❀ 由根基安立方式見宗義高下

不用多說其他，就連在分為五蘊，以及分為色法、心識、心不相應行法三者之上，都能了知會呈現出上下宗義的粗細差別。婆沙、經部以外境物質的安立方式為主，且對此心中容易接受，所以稱為「說外境師」。而關於二諦的安立方式，婆沙宗是說就像瓶子這樣可以被破壞分解，以及像微塵那樣無法被如此破壞。

唯識師遮破了外境物質，而以內在心識的安立方式為主。所謂的行，就如對於群山、房舍、人畜等諸多事物的聚合，僅此就假立為印度一般，必須在許多同類異類事物的聚合之上而安立，因此稱為「行」或者「假有」。下部宗義不是不承許這點，但是在意涵上極為契合中觀師安立諦實空的方式。在這[74]之中，與應成師安立唯由分別心假立尤為契合。

對於根基的安立方式，在各宗派的觀點中，也會由於心趣入的粗細程度而有非常多不同之處。婆沙諸師安立虛空的方式，也是不懂得安立唯遮礙觸，而承許為一種明暗的[75]實質。藏地許多自詡為大中觀師者，也無法安立空性的體性是唯遮所破諦實成立，總要費力尋覓而安立出某一成立分，變成彷彿只要無諦實就徹底不存在一般，無從執取。這就是犯了婆沙師所犯的過失——

沒有現起無遮的共相。

經部諸師雖然能夠安立出單純的無遮與除遣，但是這與諸有為法存在的安立方式，在心境中現起的難易度、熟悉度都有[76]很大的差別。因為承許諸有為法是現前識的直接境以及現前分，承許諸無為唯是分別心的顯現分。

至於無常，婆沙師也只是如同世間共許般，將瓶子被鎚子擊碎、人命終過世等安立為壞滅，而不懂得安立剎那壞滅的道理。且由於必須安立一切有為法皆為無常，因此無法承許像報身與色究竟天剎土等，直至輪迴未空之間都持續安住。

經部師雖然透過壞滅不觀待後起之因的抉擇詞，而承許一切有為法剎那壞滅，但是《波羅蜜多匯道論》[103]中提到上部宗義將一個成事剎那劃分為三百六十五分，經部師無法安立出這樣的時邊際，所以從這一點上還是有粗[77]細之分。經中說無常之義是指無與不存在之義[104]，在這個說法之上，中觀唯識二宗的理解方式

---

103 **《波羅蜜多匯道論》** 　原名《現觀修持法．開勝乘門》，賈曹傑大師著，尚無漢譯。此論主要闡述《現觀莊嚴論》中八事之修持方式。引文見《賈曹傑大師文集》對勘本冊5，頁17。

104 **無常之義是指無與不存在之義** 　依據如月格西解釋，此處經中所說無常，乃是佛陀先提及世俗常人對常與無常的理解，其後再闡述佛法當中常與無常的正確認知。世

也有[78]粗細之分。

❀ 等流身的論述

又《燈明論》第六品中說[105]：「從光明智中出生，故以智命名。在大乘經中，也以密意而說的方式開示此義理，提到[106]：『於一毛端極微中，安住恆河沙數佛。』又說[107]：『於一塵中塵數[79]佛，各處菩薩眾會中。』所以[80]開示了天尊真實性，而為了

人往往將多數存在都視為常法，反之無常則被視為消亡、不存在。因此這並非唯識、中觀的見解。

105 **《燈明論》第六品中說**　《燈明論》，《密集根本續》釋論之一，原名《燈明廣解》，又名《密集燈明釋》。共17品，月稱論師依聖龍樹傳承而著，尚無漢譯。此論與《中論顯句釋》同為月稱論師最重要的論著，有「天上日月相對，地上顯明成雙」之譽。引文見《丹珠爾》對勘本冊15，頁929。

106 **提到**　引文出自《華嚴經・普賢行願品》，為《四十華嚴》最後一卷。漢譯本有唐般若三藏譯《大方廣佛華嚴經入不思議解脫境界普賢行願品》；只節譯頌文者有東晉佛陀跋陀羅譯《文殊師利發願經》、敦煌所出《普賢菩薩行願王經》、敦煌所出《大方廣佛華嚴經普賢菩薩行願王品》、唐不空譯《普賢菩薩行願讚》，共五種。此經因緣為善財童子歷參五十三位善知識，最後普賢菩薩為其宣說成就佛位應當修習十種廣大行願。引文唐般若三藏譯《大方廣佛華嚴經》作：「於一毛端極微中，出現三世莊嚴剎。」此文自《燈明論》直接引出，與《甘珠爾》對勘本版本略有不同。參見《中華佛教百科全書》，頁4241；《大正藏》冊10，頁844。引文見《大正藏》冊10，頁847；《甘珠爾》對勘本冊38，頁793。

107 **又說**　引文出自《華嚴經・普賢行願品》，見《大正藏》冊10，頁847；《甘珠爾》對勘本冊38，頁793。

義。」雖然這麼說，但是箋註在解釋其意涵時，則說道[108]：「將此雙運身作為密意所依而作解說，因此是用其他言語開示，並非直接提到。」《普集智金剛續釋》中也說[109]：「說『僅於毛端量』等經文開示了雙運身，也只是意指『在毛端範圍中安住的恆河沙數諸佛，都獲得了雙運身』，並非主張彼經開示了雙運天身。」心想：這與《入中論》所說[110]「能仁於一等流身」等文並列，或許會有重大的可觀察處。因為《善顯密意疏》在解說果地的段落中[111]，雖然將身的論述分成了法身、報身、等流身三科而

---

108 **則說到** 引文出自《密集燈明釋箋註》。《密集燈明釋箋註》，全名《如實開闡一切密續之王密集廣說燈明文義之箋註再釋》，共17品，宗喀巴大師著，尚無漢譯。月稱論師為解釋《密集根本續》而著《燈明論》，此箋註又講解《燈明論》，故名再釋。引文見《宗喀巴大師文集》對勘本冊4，頁189。

109 **《普集智金剛續釋》中也說** 《普集智金剛續釋》，全名為《吉祥普集智金剛續廣說‧明示解說密續方便口訣》，宗喀巴大師著，尚無漢譯。此釋論從所有無上瑜伽續總結出解說密續的究竟口訣──七莊嚴，並對此詳加闡述。引文見《宗喀巴大師文集》對勘本冊5，頁494。

110 **《入中論》所說** 引文見《法尊法師全集》冊1，頁260；《丹珠爾》對勘本冊60，頁591。

111 **《善顯密意疏》在解說果地的段落中** 《善顯密意疏》，即《入中論善顯密意疏》，中觀部論典，全名《入中論廣解‧善顯密意》，宗喀巴大師著。漢譯本有今人法尊法師譯《入中論善顯密意疏》14卷。本論為宗喀巴大師中觀五論之一，著於公元1418年，大師時年62歲。此論逐字解釋《入中論》文義，並講解《入中論自釋》的難點，詳盡闡述佛護、月稱、寂天論師所許清淨中觀應成見。相關段落今

宣說，但是又說[112]下文「佛得不動身」等文開示了化身的論述，因此必須觀擇這裡所說的等流身是指何種身。

此處等流的意涵，《善顯密意疏》中說[113]是法報的等流，《自釋》中也說[114]：「從法身所生，或者從色身之力所生亦可，有別於上述所說的身，為等流身。」所以前文剛說到的法身是智慧資糧的果，色身則是福德資糧的果，而這兩種資糧也不能各別單行，必須雙運；順應於此，果位法色二身也不能只是各別存在，而必須雙運，所以將此稱為「等流身」。雖然不像密乘那樣

人法尊法師譯《入中論善顯密意疏》作：「戊一、建立身，戊二、建立十力功德。初中分三，己一、法身，己二、受用身，己三、等流身。」見《法尊法師全集》冊1，頁490；《宗喀巴大師文集》對勘本冊16，頁377。

112 **又說** 相關段落今人法尊法師譯《入中論善顯密意疏》作：「丁三、明變化身。諸佛化身，是諸聲聞獨覺菩薩共同境界，共同方便。隨其所應，亦是諸異生境界。是能成辦善趣等因。頌曰：『佛得不動身』。」見《法尊法師全集》冊1，頁496；《宗喀巴大師文集》對勘本冊16，頁387。

113 **《善顯密意疏》中說** 相關段落出自《入中論善顯密意疏》，今人法尊法師譯《入中論善顯密意疏》作：「即是法報等流果身。」參見《法尊法師全集》冊1，頁491；《宗喀巴大師文集》對勘本冊16，頁377。

114 **《自釋》中也說** 此處指《入中論自釋》。《入中論自釋》，中觀部論典，原名《入中論釋》，共11品，月稱菩薩著。漢譯本有今人法尊法師譯《入中論自釋》6卷。本論係作者注釋自所著述之《入中論》，故名。今人法尊法師譯《入中論自釋》作：「餘等流身，或從法身起，或從色身之力而起。」見《法尊法師全集》冊1，頁260；《丹珠爾》對勘本冊60，頁870。

直接地賦予身意雙運的名言，但是可見其意涵是匯歸於這之上的。前文所說的「從法身所生，或者」，雖然像是說了選擇之詞，但是並非其中一者的意思，而是指要無差別地成辦二種因之意。且字面說到從二種身所生，也必須理解為從能成就二種身者所生之意，或者是安立聚體要依著個體才能出現或安立的意思。

《入中論》的這些說法，與《燈明論》所引述《普賢行願品》的經文極為相契，其中所說的諸佛菩薩的一切事業與本生，都能在一剎那間，於一毛孔中與一個極微塵的位置上悉數顯現，發現這是依照「一毛端有三世量」、「一塵中有塵數佛」等文的語勢而講述的。之所以如此的原因，也如論中所說[115]：「此清淨行隨欲轉，盡空世界現[81]一塵[82]，一塵遍於無邊界，世界不細塵不粗。」《善顯密意疏》解釋其意涵[83]道[116]：「此種事業唯隨欲轉。」提到只要心想即可，其原因是在有學位時，串習以俱生樂令風心隨欲轉化的方法，已達到了究竟所致。因此會說究竟的實

---

115 **如論中所說** 引文出自《入中論》，見《法尊法師全集》冊1，頁261；《丹珠爾》對勘本冊60，頁591。

116 **《善顯密意疏》解釋其意涵道** 引文今人法尊法師譯《入中論善顯密意疏》作：「妙行隨欲而轉。」見《法尊法師全集》冊1，頁492；《宗喀巴大師文集》對勘本冊16，頁381。

際取決於密教，而其中能頓時間圓滿一切有情希願的一切相方便，在經典中僅僅解說其體性，但是要究竟了解成就方式的扼要，則取決於密教。

「於一孔雀翎，種種因支分，非餘智所知，唯遍知力知。」[117]其中所說的遍知實際上也有獲得雙運身，這並沒有差別。但是在這裡不將此文引述為依據，而是引據前文，是因為波羅蜜多乘中也有修習與法身行相符順之道，因此假設單獨修習此[84]道，當串習達到究竟時，能阻礙了知一切法的障礙都會窮盡；而沒有能障的話，就會成為一切相智，且智慧能遍及一切所知。然而色身要遍於一切，以及隨欲顯現身形，就要透過與色身行相符順的天尊瑜伽，尤其是以極細微的風息作為近取因而修成幻身。如果沒有此種修持，就算用假設的方式也無從出生，這以顯教方面本身的正理推演同樣也能成立。因此宗喀巴大師的箋註當中說意指獲得雙運身，也不僅是實際上有獲得的意思，仔細觀擇的話，顯然其

---

117 「於一孔雀翎，種種因支分，非餘智所知，唯遍知力知。」　引文應出自一小乘經典，然未見於《甘珠爾》中，而見於世親論師所著《俱舍論自釋》中有引用此頌文。唐玄奘大師譯《阿毘達磨俱舍論·破執我品》作：「於一孔雀輪，一切種因相，非餘智境界，唯一切智知。」參見《大正藏》冊29，頁157；《丹珠爾》對勘本冊79，頁903。

中有特殊的方式能令人理解：「要出生這樣的果位，以這樣的等流作為前行是不可或缺的。」

我們做任何善行總是心力微弱，而違品卻強而有力，因而慵懶怠惰。但是如果思惟：佛力不可思議，所以不可能有任何事無法成辦的道理；以及佛陀親口承許的[118]「乃至業惑盡，我願爾乃盡」等，就能以此作為靠山。因此心裡不必頹喪，而能提起心力，增長歡喜。

這些問答是小生我昂朗巴惹那阿難達[119]，在深恩無等的至尊文殊上師跟前，一再請求道：針對四部宗義的承許方式、心心所的論述、顯教匯歸於密教的道理等等的論述，懇請賜與像我這樣的劣慧者能簡明易懂的善說，無論如何務必憐憫關照。於是他歡喜地懷著大悲心而賜與教言。依著其宣說的次序直接寫成筆記，再編輯前後內容而書之成文。祈願這也成為生生世世不離至尊文殊上師，得蒙歡悅攝受之因。

---

118 **佛陀親口承許的** 引文出自《華嚴經·普賢行願品》，唐般若三藏譯《大方廣佛華嚴經》作：「眾生及業煩惱盡，如是一切無盡時，我願究竟恒無盡。」見《大正藏》冊10，頁848；《甘珠爾》對勘本冊38，頁795。

119 **昂朗巴惹那阿難達** 「昂朗巴」為藏語སྔགས་རམས་པ之音譯，意為博通密乘教法者；「惹那阿難達」為梵語音譯，意為寶慶喜。

　　大慈恩・月光國際譯經院真如老師總監，如月格西授義。2021年2月25日，主譯譯師釋如法於多倫多初稿譯訖。2022年8月1日，主校譯師釋性忠初校完畢。於2022年8月28日，主譯譯師釋如法、主校譯師釋性忠、審義譯師釋性浩、參異譯師釋性說、釋性懷、審閱譯師釋性喜開始會校，至9月2日會校訖。眾校譯師妙音佛學院預一班、預科122班、預科142班、預科143班。譯場行政釋性由、釋性回、釋性勇、妙音佛學院。譯場檀越林玉珠、柯惠永。

附篇

附篇一：完具圓滿教法扼要修持之理

又，所謂「每一座修法在意樂上都必須具備圓滿教法扼要」的道理，就像將所有僧人聚集起來，才叫作圓滿的札倉；同樣地，如果個個分開的話，就無從圓滿了。因此即使是單一種修持，也必須一切都圓滿。

如果心想：「那麼就不需要後面那些所緣法類了嗎？」不是這樣的，就像調和了三十五種沉香的一帖藥，雖然藥味齊全，但是對於嚴重[85]的風病患者，一帖是治不好的，必須連著喝很多帖才行；同樣地，每一者都必須具備全部的原因是：所謂的教法圓不圓滿，是指具不具備能斷所化機一切過失，與成就一切功德的方便。而唯有佛陀是盡除一切過失、圓滿一切功德，所以要成為正確的成佛方便，就必須是圓滿的教法。如果具有這樣的意樂加行，就稱為「圓滿一切相加行」。

如果心想：「那麼只想著『要成佛』就夠了嗎？」這關乎於[86]他的想法。如果沒有任何「因地」的想法，就想著要獲得佛陀果位，這是不行的。當決定要去衛藏，就必須有對於路線、資具、同伴等這一切的思考。就像登上許多層的階梯時，雖然會有

高低之別，但是往上跨步的動作，以及想要走到樓頂的預期，卻是一點差別都沒有的；同樣地，正行的所緣法類雖然有次序，但是必須以這一種等起的意樂加行持續下去。

就像話說：「天衣折起來能納入指甲縫，展開則能蓋住全身。」同樣也必須懂得，心想「要獲得佛位」的這個等起，也有廣略的道理。所謂「要獲得佛位」，就是指「要圓滿一切功德」，而要圓滿功德，也必須斷除一切過失，就像天秤低昂一般。而過失存在於三門[87]，其中又各有粗細二種。粗分是透過顯教淨除，細分則必須透過密教淨除。而還未淨除粗分就無從淨除細分，因此先修顯教；不依靠密教則不能淨除細分，所以要修密教，這兩種都必須具備[88]。粗分當中，身語惡行主要是由別解脫戒淨除且防護，其根本要歸[89]於以中下士道思惟輪迴總別的痛苦，而生起清淨的出離心。意惡行的根本是我執，以此作為根本而分判[90]自他，接著由於貪瞋而顛倒了取捨，因此造成了一切的禍患。所以我執要透過勝義菩提心淨除，後面的一切惡心，則透過慈悲作為根本的世俗菩提心淨除，所以在這裡就具備了共通的上士道。

要斷除細分的過失，還必須加上密教，其中也需要了解以有

相淨除身語惡行，以無相淨除意惡行的道理。最終能淨除身過的
是粗細生起次第，能淨除語過的是世俗幻化的圓滿次第，能淨除
意過的是勝義光明的圓滿次第。雙運是安立為這二者的聚合，所
以並非另外存在。

如此斷盡三門的粗細分過失，轉成身語意三金剛的體性，這
就是三身無分別的佛果位。要心想：為了獲得這樣的果，也要完
整無缺地完成與其相順的因聚。把眼光放遠、發廣大心，就像想
著已極為熟悉的道路一般，如果緣著之後就會整體浮現，等起本
身就會完備道次第，以及圓滿了教法的扼要。

附篇二：短文散集

　　短文方面：大禮拜即是許多經中說的如根斷樹倒，全身貼地禮拜。所以可以讓身體盡量平貼於地。永津仁波切[120]等也是這麼做的，而過去上師慈氏仁波切[121]也常說：「隨著身體所覆的微塵數量，會生出等量的禮拜功德，看到這些道理，真會希望手腳能比現有的更長一些！」因此可以將手[91]盡量伸長而合掌，這在薩迦文集當中也稱為「七支禮敬」。

　　一般而言，千供與八百供[122]等等，在《尊勝佛母陀羅尼

120　**永津仁波切**　永津為藏文（ཡོངས་འཛིན）之音譯。一般是指善知識，以及與自己結下法緣的上師，有時對於諸大上師的老師亦作此尊稱。此處指永津智幢大師（公元1713～1793），八世嘉瓦仁波切及七世班禪之親教師，亦為作者之上師。19歲起學習五部大論及其注疏。至41歲之間，主要在山中修行。於1782年擔任八世嘉瓦仁波切文殊海大師（འཇམ་དཔལ་རྒྱ་མཚོ）之親教師。大師所著述顯密論典共18函。有十萬弟子。

121　**上師慈氏仁波切**　此指普覺・語王慈氏大師，八世嘉瓦仁波切之親教師（公元1682～1762），藏文བྱང་ཆུབ་རྡོ་དབང་རྣམས་པ（普覺・阿旺絳巴）義譯。15歲進入色拉寺傑僧院。時大師生活處境欠佳、飲食匱乏，然因刻苦勤學，得獲諸大善知識攝護。自33歲起宣講佛法要義。80歲時被乾隆皇帝任命為八世嘉瓦仁波切文殊海大師之親教師。弟子有三世章嘉活佛及遍智妙音笑大師之轉世等。

122　**千供與八百供**　千供指進行數量各滿足千數的供品、朵瑪、陀羅尼咒、禮拜、旋繞等供養。此經漢譯本並未提及八百供的說法，據如月格西解釋，八百供是指念誦尊勝佛母咒及供養八百次之義。

經》[123]中清晰宣說，所以是比較著名的。後期土觀仁波切[124]也結合了藥師佛而作宣說，因此我也寫了一篇與大悲觀音結合的方式。如果也同理結合於其他天尊的話，就會成為積聚廣大資糧的因緣，而沒有理由被遮止。但是就像對於度母的第四曼達，各自宗規會有不同的供養方式，如果在那時以此為主，就不會損壞傳統的作法，且有引生淨信的好處。

在藥師佛的顯教儀軌時沒有寶瓶儀軌，不過緣想收放光明而淨化自他一切罪過，這與顯教《般若經》中的〈序品〉一樣，所以沒有相違。

---

123 《尊勝佛母陀羅尼經》 此指《一切如來頂髻尊勝陀羅尼儀軌》，事續如來部經典，漢譯本有宋法天譯《佛說一切如來烏瑟膩沙最勝總持經》1卷。此經為無量壽佛於極樂淨土為觀自在菩薩所開示。相關段落參見《大正藏》冊19，頁408；《甘珠爾》對勘本冊90，頁768。

124 土觀仁波切 指三世土觀大師善慧正法日輪（公元1737～1802），藏文ཐུའུ་བཀྭན་བཟང་ཆོས་ཀྱི་ཉི་མ（土觀‧洛桑確吉尼瑪）義譯。生於中國甘肅省境內，6歲時被認證為二世土觀語自在法海之轉世。土觀即領袖之意。11歲出家開始學習教典。兩年內便學完因明初、中、高級理路。19歲前往拉薩，進入哲蚌寺果芒僧院，依止二世妙音笑大師、普覺‧語王慈氏大師，聞習諸大教典。30歲奉詔封為國師。曾前往蒙古地區弘揚正法，傳授沙彌戒與比丘戒等。53歲任塔爾寺法台。1802年圓寂於佑寧寺。著有《土觀宗義》。

如果有獲得日隱[125]派的度母灌頂或隨許，由於兩派的紫檀林度母的身色法器等都相同，所以如果以此為基礎，依照無上密而閉關，是很善妙的。

關於淨除煙過失的方法，若用盡可能好的香來供養[92]佛像、奉浴，以清淨意樂持誦百字明與[93]淨戒陀羅尼[126]等等的話，就是所謂的[127]：「往昔雖放逸，後若不放逸，美若離雲月」，所以非常善妙。

---

125 **日隱**　藏文ཉི་མ་སྦས་པ（尼瑪悲巴）義譯。與月官論師同時代。生於喀什米爾，相傳連續七生皆為修習度母之修行者。自幼善巧一切明處、智慧犀利。於中印度出家，善巧一切大乘經典。相傳尊者通曉一百零八部度母密續，並著作出生度母續的成就法、壇城、儀軌等十三部論著。主要弟子為一切智友。

126 **淨戒陀羅尼**　嗡阿摩嘎悉拉桑巴日阿桑巴日阿・巴日阿巴日阿・瑪哈須達・薩日瓦悲瑪比布克數大・布雜達日阿達日阿・薩滿達阿哇樓各依得數吽呸娑哈（ཨོཾ་ཨ་མོ་གྷ་ཤཱི་ལ་སཾ་བྷཱ་ར་སཾ་བྷཱ་ར། བྷཱ་ར་བྷཱ་ར། མ་ཧཱ་ཤུདྡྷ་སཏྭ་པདྨ་བི་བྷུ་ཥི་ཏ། བྷུ་ཛ་དྷ་ར་དྷ་ར། ས་མནྟ་ཨ་ཝ་ལོ་ཀི་ཏེ་ཧཱུྃ་ཕཊ་སྭཱ་ཧཱ།）。

127 **所謂的**　引文出自《親友書》。《親友書》，書翰部論典，又名《密友書》，共1卷，龍樹菩薩寄與樂行賢王的書信。漢譯本有劉宋求那跋摩譯《龍樹菩薩為禪陀迦王說法要偈》1卷；劉宋僧伽跋摩譯《勸發諸王要偈》1卷；唐義淨譯《龍樹菩薩勸誡王頌》1卷，共三種。引文唐義淨大師譯《龍樹菩薩勸誡王頌》作：「先時離放逸，後若改勤修，猶如雲翳除，良宵覩明月。」見《大正藏》冊32，頁751；《丹珠爾》對勘本冊96，頁671。

附篇三：十二緣起輪轉頌

　　三有根本「無明」農，於「識」田中播「業」種，「愛取」水肥養種子，力增轉為「有」[94]體性，彼萌「生」性「名色」芽，「處」莖茁壯開「觸」花，「受」果成熟「老死」刈，復於三有為植種。乃至無我火未焚，爾時須轉生死輪。厚植實相深習氣，三有根本願拔除[128]。

　　這是在一次閉關座間[95]，從十二緣起的次第流轉輪迴的道理出發而即興宣說。小生惹那阿難達我即時記錄成文。

---

128 **三有根本願拔除**　此段偈頌意為：三有根本「無明」農夫，在「識」田中種下「業」種子，以「愛取」的水肥作為滋養，令種子的力量增強而轉為「有」的體性，從中萌生出以「生」為體性的「名色」幼苗，抽出「處」的莖，開出「觸」的花，成熟「受」的果實，被「老死」所收割，又種入了三有之中。只要還沒有被無我之火燒毀，生死之輪就必定運轉不息。所以對甚深實相要極力種下習氣，祈願以此拔除三有根本。

附篇四：念誦法、日常修持、初後修正等起等完備易行軌理

南無姑汝惹那札雅雅[129]

早晨起床時，沒有在昨夜死去而能起身，那是上師三寶的悲心，要預想：「總體而言盡[96]我餘生，尤其是在這一天當中都不要沾染罪惡，要精勤於善，莫令時間空過。」並且祈請三寶鑑知能如此實現。

皈依的時候，觀想前方虛空中密佈供養雲，中央是與教主能仁王佛的體性無分別的文殊怙主上師宗喀巴大師，雙手結法輪印，捻蓮花莖，上有經函寶劍，身披三法衣，戴班智達帽。其心間至尊彌勒怙主身金黃色，結法輪印，頂上有上師能仁王佛體性的菩提塔；至尊上師喉間有觀世音，臍間有至尊度母，周圍有本傳上師、本尊、空行、護法圍繞而住，都歡喜地注視自己。明現自己周圍有父母及一切六道有情，都驚懼、怖畏於輪迴的總別痛苦，相信前方諸皈依境有從中救護的能力，心想：「這次有此機會為殊勝皈依處尊足所攝受，必須有把握得到畢竟安樂」，而進

---

129 **南無姑汝惹那札雅雅** 此句為梵語音譯，意為「敬禮上師三寶」。

行皈依。

　　觀想一切身與受用三世善資糧，盡數化成須彌四洲及一切所需的富饒行相而作供養，將國土受為己有，而將其中一切有情安置於成熟與度脫。在禮拜旋繞等時，如果觀想皈依境遍滿虛空，自己與一切有情一起行持的話，力量會相對應地增強。最後，諸皈依境收攝入中央的至尊上師，觀為一切諸佛的悲智力三種體性總集為一，連同甘露淨治的緣想而誦密集瑪。

　　持誦彌勒誓言陀羅尼[130]時，一邊持誦陀羅尼一邊觀想：其心間的彌勒怙主心間，梅字為陀羅尼所圍繞而放出光明，加持淨化自他一切有情的罪障，而生起地道的殊勝證德。最後發願從此往生時，投生於彌勒怙主跟前；未來人壽八萬歲，彌勒怙主降臨世間時，能成為上首弟子，並觀想怙主親口應允了。

---

130 **彌勒誓言陀羅尼**　指《聖者慈尊願王頌》所附咒語：拿牟日欽拿扎雅雅．拿牟跋哈喀哇得欽．夏嘎雅穆內耶．大他喀大雅．阿日阿哈得欽薩木雅薩木佈宇塔哈雅．大欽雅他．嗡阿孜依得欽．阿孜依得欽．阿巴日阿孜依得欽．阿孜依得欽匝雅．哈日阿哈日阿．美季阿哇樓嘎依得欽．嘎日阿 嘎日阿．瑪哈薩瑪雅悉地跋哈日阿跋哈日阿．瑪哈菩提曼察比雜．瑪日阿瑪日阿．欽瑪嘎木薩瑪雅．菩提菩提．瑪哈菩提梭哈．嗡摩哈依摩哈依瑪哈摩哈依梭哈．嗡穆尼穆尼瑪日阿梭哈（ན་མོ་རཏྣ་ཏྲ་ཡཱ་ཡ། ན་མོ་བྷ་ག་ཝ་ཏེ། ཤཱཀྱ་མུ་ནི་ཡེ། ད་ཐཱ་ག་ཏཱ་ཡ། ཨརྷ་ཏེ་སམྱཀྶཾ་བུདྡྷཱ་ཡ། ཏདྱ་ཐཱ། ༀ་ཨ་ཇི་ཏེ། ཨ་ཇི་ཏེ། ཨ་པ་རཱ་ཇི་ཏེ། ཨ་ཇི་ཏཉྫ་ཡ། ཧ་ར་ཧ་ར། མཻཏྲཱི་ཨ་ཝ་ལོ་ཀི་ཏེ། ག་ར་ག་ར། མ་ཧཱ་ས་མ་ཡ་སིདྡྷི་བྷ་ར་བྷ་ར། མ་ཧཱ་བོ་དྷི་མཎྜ་བཱི་ཛེ། སྨ་ར་སྨ་ར། ཨསྨཱ་ཀཾ་ས་མ་ཡ། བོ་དྷི་བོ་དྷི། མ་ཧཱ་བོ་དྷི་སྭཱ་ཧཱ། ༀ་མོ་ཧཱི་མོ་ཧཱི་མ་ཧཱ་མོ་ཧཱི་སྭཱ་ཧཱ། ༀ་མུ་ནི་མུ་ནི་སྨ་ར་སྭཱ་ཧཱ།）。

　　唸誦六字大明咒時，一邊持誦一邊觀想：喉間的觀世音，心間施依字為咒鬘所環繞而放出光明，照耀六道各處，令有情從各自的痛苦中解脫，安置於聖者果位，全都同聲發出隆隆的咒聲。

　　唸誦度母咒時，一邊持誦一邊觀想：住於臍間的至尊度母，心間當ㅈ字生出二十一度母天眾，如同燈火之鬘。另外又放出無量化現[97]的身形，遍滿虛空，從八難等中救護自他一切有情，並且賜與共與不共悉地。

　　特別是在每一偈的時候，都觀想各尊度母賜與不共的加持。平時心中也不忘這些皈依境，受用任何飲食，都要供養其最新部分等等，請作積聚資糧的福田以及三門取捨的見證[98]。

　　如果持誦長壽咒的話，一邊持誦一邊觀想：觀世音的部主無量光轉成無量壽佛，從心間的咒鬘降注無死甘露流。

　　如果是冀望於兜率天的話，就心想所居之處即是兜率剎土，去任何地方都想成是去兜率天，做任何善都迴向為往生彼處之因；睡覺時至尊上師也收攝入其心間的彌勒怙主，觀想頭靠著其尊足，在信心的狀態中入睡。如果修彌勒怙主的遷識法，就觀想至尊上師降臨自己的頂門，自己向上融入其心間的彌勒怙主，接著至尊上師前往兜率，自己從其心間而出，投生於蓮花苞中。如

果主要是預期極樂世界的話，行住的所緣、迴向處的轉化等是一樣的；臨入睡時，至尊上師融入喉間的觀世音，觀世音再融入部主無量光，頭靠著其尊足，或是頭靠著觀世音的尊足，祈請作為引導至極樂世界的嚮導，懷著強烈的信心渴求，依著靜慮眠修的口訣而修。

造集任何善根之後，發願不要成為「藉法圖利及名譽」[131]等等無意義的輪迴圓滿盛事之因，而要發願成為「文殊師利勇猛智」等[132]，以及「三世諸佛所稱歎」等文[133]中佛所讚歎的一切希願處之因，並心想願透過三寶無欺誑的悲心而如此實現，以此而真誠祈禱等等。

131　「**藉法圖利及名譽**」　引文出自《短傳上師祈請文》。《短傳上師祈請文》，全名為《加持短傳諸上師・悉地穗》，共11偈，宗喀巴大師著，漢譯本有今人釋如法譯《加持短傳諸上師祈請文・悉地穗》。此篇主要為宗喀巴大師祈求金剛持佛、至尊文殊、喇嘛鄔瑪巴之間的傳承上師，並祈賜依師法及三主要道之證德。引文見《宗喀巴大師文集》對勘本冊2，頁5。

132　「**文殊師利勇猛智**」等　引文出自《華嚴經・普賢行願品》，唐般若三藏譯《大方廣佛華嚴經》作：「文殊師利勇猛智，普賢慧行亦復然，我今迴向諸善根，隨彼一切常修學。」見《大正藏》冊10，頁848；《甘珠爾》對勘本冊38，頁796。

133　「**三世諸佛所稱歎**」等文　引文出自《華嚴經・普賢行願品》，唐般若三藏譯《大方廣佛華嚴經》作：「三世諸佛所稱歎，如是最勝諸大願，我今迴向諸善根，為得普賢殊勝行。」見《大正藏》冊10，頁848；《甘珠爾》對勘本冊38，頁796。

將怙主彌勒觀修於心間，這從噶當寶典[134]以及洛札成就者[135]的文集中可以證成；將觀世音觀修於喉間，是總修三怙主的口訣；將度母觀修於臍間，是諸多無上密續的密意，所以應當做為可信之處。

上述是具信精進、心懷增上意樂的札薩克土王的妹妹具勢自在夫人，祈請需要一篇如上所述，完備而易行的唸誦法、日常修持、起初[99]與最後修正等起的方式等，於是應其所請，大德寶教炬當下為其講授，繕寫者為阿朗巴寶慶喜。

---

134 **噶當寶典** 包含《噶當父法》與《噶當子法》二部在內，為噶當派所有口訣的根本論著，最初由俄‧覺慧譯師（ རྔོག་བློ་ལྡན་ཤེས་རབ ）所編著，尚無漢譯。其所詮主要是種敦巴尊者（ འབྲོམ་སྟོན་པ ）與阿底峽尊者之間的問答；一部分為俄‧善慧譯師（ རྔོག་ལེགས་པའི་ཤེས་རབ ）與阿底峽尊者之間的問答；其少部分內容為枯敦大師（ ཁུ་སྟོན ）與阿底峽尊者之間的問答。其中《噶當父法》指如父般的種敦巴尊者所請問之內容；《噶當子法》指如子般的俄‧善慧譯師與枯敦大師所請問內容。參見《東噶辭典》，頁164。

135 **洛札成就者** 宗喀巴大師主要的道次第傳授師長之一（公元1326～1402），本名虛空幢，藏語ནམ་མཁའ་རྒྱལ་མཚན（南喀堅贊）義譯。生於須普（ སུད་ཕུ ）家族，一出生就能唸梵語的佛號。9歲剃度，31歲擔任卓瓦寺（ གྲོ་བ་དགོན་པ ）住持。此師主修金剛手，常得金剛手現身教授。年約70在卓瓦寺與宗喀巴大師會面並互為師徒。一生度眾十萬餘人，76歲圓寂。

附錄一

《宗義寶鬘》
校勘表

[1] 雪　拉寺本作「潮濕」（བངས），按上下文義推斷，應誤。

[2] **動搖**　果芒本原作「捨棄」（འདོར），拉寺本及塔爾本皆作「動搖」（འདར），按上下文義推斷，應以拉寺本及塔爾本為是，故改之。

[3] **勝者大雄**　拉寺本作「勝大雄」（རྒྱལ་དགྲ་བ），按上下文義推斷，應誤。

[4] **四百五十萬**　拉寺本作「四十五瓶、岩」（བུམ་བྲག་ཞེ་ལྔ），按上下文義推斷，應誤。

[5] **實事**　拉寺本作「真實」（དངོས），按上下文義推斷，應誤。

[6] **說**　拉寺本作「挖」（བརྐོང），按上下文義推斷，應誤。

[7] **東昇**　拉寺本作「解脫」（ཐར），按上下文義推斷，應誤。

[8] **拋棄**　拉寺本作「浸泡」（སྦོང་བ），按上下文義推斷，應誤。

[9] **了解**　拉寺本作「衣領」（གོང་བ），按上下文義推斷，應誤。

[10] **五**　塔爾本作「留下」（ལུས），按上下文義推斷，應誤。

[11] **自證分**　拉寺本作「自獲得」（རང་རག），按上下文義推斷，應誤。

[12] **無漏**　拉寺本作「真漏」（ཟག་མེད），按上下文義推斷，應誤。

[13] **支分**　拉寺本作「分地」（ས་ཕྲས），按上下文義推斷，應誤。

[14] **拆散**　拉寺本作「顯明」（གསལ་བ），按上下文義推斷，應誤。

[15] **支分**　拉寺本作「知分」（ཆ་ཤེས），按上下文義推斷，應誤。

[16] **遍是無漏**　拉寺本作「是無漏的周遍」（ཟག་མེད་ཡིན་པའི་ཁྱབ），按上下文義推斷，應誤。

[17] **不遍是無漏** 拉寺本作「是無漏的不周遍」（ཟག་མེད་ཡིན་པའི་མ་ཁྱབ），按上下文義推斷，應誤。

[18] **瓶子在瓶子未來的時段中也存在** 拉寺本作「瓶子瓶子未來的時段也存在」（བུམ་པ་བུམ་པའི་མ་འོངས་པའི་དུས་ཡང་ཡོད་པ），按上下文義推斷，應誤。

[19] **券** 拉寺本作「自在印」（དབང་རྒྱ），按上下文義推斷，應誤。

[20] **聚合** 拉寺本作「踐踏」（ཚོགས），按上下文義推斷，應誤。

[21] **第二科：非量的心識有顛倒識等** 拉寺本及塔爾本無。

[22] **水聲** 塔爾本作「水的聲音」（ཆུའི་སྒྲ）。

[23] **句** 塔爾本作「一」「ཅིག」，按上下文義推斷，應誤。

[24] **承許** 拉寺本作「行走」（འགྲོ），按上下文義推斷，應誤。

[25] **與** 拉寺本作「本性」（རང），按上下文義推斷，應誤。

[26] **就** 塔爾本作「所以」（པས་ན）。

[27] **請來饗宴** 果芒本原作「請為化身」（རོལ་བར་མཛོད），塔爾本作「請來饗宴」（རོལ་བར་མཛོད），按上下文義推斷，應以塔爾本為是，故改之。

[28] **心境中** 拉寺本作「對手中」（དོར），按上下文義推斷，應誤。

[29] **法** 拉寺本作「最」（ཆེས），按上下文義推斷，應誤。

[30] **塵** 塔爾本作「鈍」（རྟུལ），按上下文義推斷，應誤。

[31] **中觀綜論** 拉寺本作「中觀順空」（དབུ་མའི་སྟོང་མ་ཐུན），按上下文義推斷，應誤。

[32] **具足相** 各版本皆作「真實相」（ རྣམ་འདྲེན ），然《貢汝幢賢大師文集》之《中觀綜論》中，此段原文作「具足相」（ རྣམ་ལྡན ）。按上下文義推斷，此處為辨析實相派中三種不同之唯識師所許執彩眼識具足行相之差別，而非論所現行相之真實與否，故依義理及《中觀綜論》原文改之

[33] **具足相** 各版本皆作「無相」（ རྣམ་མེད ），然《貢汝幢賢大師文集》之《中觀綜論》中，此段原文作「具足相」（ རྣམ་ལྡན ）。按上下文義推斷，此處為辨析實相派中三種不同之唯識師所許執彩眼識具足行相之差別，而非論所現行相之真實及存在與否，故依義理及《中觀綜論》原文改之。

[34] **具足相** 各版本皆作「無相」（ རྣམ་མེད ），然《貢汝幢賢大師文集》之《中觀綜論》中，此段原文作「具足相」（ རྣམ་ལྡན ）。按上下文義推斷，此處為辨析實相派中三種不同之唯識師所許執彩眼識具足行相之差別，而非論所現行相之真實及存在與否，故依義理及《中觀綜論》原文改之。

[35] **彩色** 拉寺本作「彩炭」（ ཁ་སོལ ），按上下文義推斷，應誤。

[36] **稱為「無垢師」** 拉寺本作「受用無垢」（ ཉེ་མེད་བཞེས ），按上下文義推斷，應誤。

[37] **這** 拉寺本作「現在」（ ད ），按上下文義推斷，應誤。

[38] **但** 拉寺本作「而」（ ཅིང ）。

[39] **五道、十地循序進昇** 拉寺本「五道、十地循序的道路」（ ས་

བཅུ་ལམ་ལྷ་རིས་ཀྱི་བགྲོད）， 按上下文義推斷，應誤。

[40]　**法**　拉寺本作「最」（ཆེས），按上下文義推斷，應誤。

[41]　**自相成立**　拉寺本作「自己自相成立」（རང་རང་གི་མཚན་ཉིད་ཀྱིས་གྲུབ་
པ），按上下文義推斷，應誤。

[42]　**作為主要所修**　果芒本原作「作主要所修」（བསྒོམ་བྱའི་གཙོ་བོ་བྱས），
拉寺本、塔爾本作「作為主要所修」（བསྒོམ་བྱའི་གཙོ་བོར་བྱས），文義
較通順，故改之。

[43]　**無諦實**　塔爾本作「諦實吞嚥」（བདེན་པར་མིད），按上下文義推
斷，應誤。

[44]　**證達**　拉寺本作「分別」（རྟོག་པ），按上下文義推斷，應誤。

[45]　**色等諦實空是細分法無我**　果芒本原無，今依塔爾本補入。

[46]　**種姓**　拉寺本作「剃光的」（རེགས），按上下文義推斷，應誤。

[47]　**見**　拉寺本作「梢頭軟骨」（ལྡུབ），按上下文義推斷，應誤。

[48]　**斷諸障**　拉寺本作「辨明斷諸障」（སྦྱིབ་པ་སྤོང་བར་བྱེད），按上下文
義推斷，應誤。

[49]　**未曾先行**　拉寺本作「未先滅除」（སྔོན་དུ་མ་སོང），按上下文義推
斷，應誤。

[50]　**承許**　拉寺本作「行走」（འགྲོང），按上下文義推斷，應誤。

[51]　**自相成立**　塔爾本作「自己的箋注成立」（རང་གི་མཆན་ཉིད་ཀྱིས་གྲུབ་
པ），按上下文義推斷，應誤。

[52]　**方**　拉寺本作「雙」（དོར），按上下文義推斷，應誤。

[53] **嬉戲**　果芒本原作「化身」（རོལ་བ），拉寺本、塔爾本作「嬉戲」（རོལ་བ），按上下文義推斷，應以塔爾本、拉寺本為是，故改之。

[54] **測**　拉寺本作「施」（དབོག），按上下文義推斷，應誤。

[55] **廣大**　拉寺本作「大王」（རྒྱལ་ཆེན），按上下文義推斷，應誤。

[56] **聖無著解釋為唯識**　果芒本原作「解釋為聖無著的唯識」（འཕགས་པ་ཐོགས་མེད་ཀྱི་སེམས་ཙམ་དུ་བཀྲལ་བ），民族本作「聖無著僅解釋為有情」（འཕགས་པ་ཐོགས་མེད་ཀྱིས་སེམས་ཙན་ཙམ་དུ་བཀྲལ་བ），然拉寺本、雪本作「聖無著解釋為唯識」（འཕགས་པ་ཐོགས་མེད་ཀྱིས་སེམས་ཙམ་དུ་བཀྲལ་བ），按上下文義推斷，應以拉寺本、雪本為是，故改之。

[57] **中論**　民族本作「脈管肉」（རྩ），按上下文義推斷，應誤。

[58] **許多經續當中授記龍樹無餘破除常斷二邊，開顯究竟的教法心要**　民族本作「龍樹無餘破除常斷二邊，開顯究竟的教法心要的許多經續當中所授記的」（ཀླུ་སྒྲུབ་ཀྱིས་རྟག་ཆད་གཉིས་གའི་མཐའ་མ་ལུས་པར་བཀག་སྟེ་བསྟན་པའི་སྙིང་པོ་མཐར་ཕྱག་གསལ་བར་བྱེད་པའི་མདོ་རྒྱུད་དུ་མ་ལས་ལུང་བསྟན་བ），按上下文義推斷，應誤。

[59] **中**　拉寺本、民族本作「病」（ནད），按上下文義推斷，應誤。

[60] **石**　民族本作「駒」（རྟེ），按上下文義推斷，應誤。

[61] **無明習氣地**　民族本作「以無明習氣」（མ་རིག་བག་ཆགས་ཀྱིས），按上下文義推斷，應誤。

[62] **獨立**　拉寺本、民族本作「短腳行書」（ཆགས་ཐུང），按上下文

義推斷，應誤。

[63] **鮮活** 民族本作「彼綾」（ལིང་ངེ），按上下文義推斷，應誤。

[64] **只有提到** 民族本作「只提到」（ཅེས་པ་ཙམ་ཞིག་ཡོང་ལ）。

[65] **昏沉** 拉寺本、雪本、民族本作「咬」（སྲུག），按上下文義推斷，應誤。

[66] **意** 民族本作「是」（ཡིན），按上下文義推斷，應誤。

[67] **特殊所斷** 果芒本原作「所斷差別」（སྤང་བྱ་ཁྱད་པར），雪本作「特殊所斷」（སྤང་བྱ་ཁྱད་པར་བ），按上下文義推斷，應以雪本為是，故改之。

[68] **證** 拉寺本、雪本、民族本作「分別」（རྟོག），按上下文義推斷，應誤。

[69] **步步** 拉寺本作「茶」（ཇ），按上下文義推斷，應誤。

[70] **證** 拉寺本、雪本、民族本作「分別」（རྟོག），按上下文義推斷，應誤。

[71] **不** 雪本作「火」（མེ），按上下文義推斷，應誤。

[72] **種姓** 民族本作「堤」（རགས），按上下文義推斷，應誤。

[73] **更能** 拉寺本、民族本作「更賠償」（འཚབ་ཆེ་བ），按上下文義推斷，應誤。

[74] **這** 果芒本原作「每」（རེའི），然拉寺本、民族本作「這」（དེའི），按上下文義推斷，應以拉寺本、民族本為是，故改之。

[75] **明暗的** 民族本作「以明暗」（སྣང་མུན་གྱིས），按上下文義推斷，

應誤。

[76] **有**　拉寺本、民族本作「出現」（ གྱུང ）。

[77] **粗**　民族本作「剃光的」（ རེགས ），按上下文義推斷，應誤。

[78] **有**　民族本作「作」（ མཛད ）。

[79] **數**　雪本作「懼怕」（ སྐྱེད ），按上下文義推斷，應誤。

[80] **所以**　果芒本原作「是」（ པར ），拉寺本、民族本作「所以」
（ པས ），文義較完整，故改之。

[81] **現**　民族本作「道」（ ལས ），按上下文義推斷，應誤。

[82] **塵**　拉寺本作「汗」（ རྡུལ ），按上下文義推斷，應誤。

[83] **其意涵**　果芒本原作「了義」（ ངེས་དོན ），拉寺本作「其意涵」
（ དོན་དོན ），按上下文義推斷，應以拉寺本為是，故改之。

[84] **單一**　民族本作「覺受」（ མྱོང་བ ），按上下文義推斷，應誤。

[85] **嚴重**　拉寺本、民族本作「代替」（ ཚབ ），按上下文義推斷，
應誤。

[86] **關乎於**　民族本作「將」（ ཡོང ）。

[87] **門**　拉寺本、民族本作「翎」（ སྒྲོ ），按上下文義推斷，應誤。

[88] **具備**　拉寺本作「範圍」（ ཚད ），按上下文義推斷，應誤。

[89] **歸**　民族本作「心」（ ཐུགས ），按上下文義推斷，應誤。

[90] **分判**　拉寺本作「掌握」（ བཟང ），按上下文義推斷，應誤。

[91] **手**　雪本、民族本作「對於手」（ ལག་པར ），按上下文義推斷，
應誤。

[92] **供養**　民族本作「教化」（འདུལ），按上下文義推斷，應誤。

[93] **與**　拉寺本、民族本作「信」（དད），按上下文義推斷，應誤。

[94] **有**　拉寺本作「延長」（སྲིང），按上下文義推斷，應誤。

[95] **間**　拉寺本、民族本作「秘密」（གསང），按上下文義推斷，應誤。

[96] **盡**　拉寺本、民族本作「何來」（གང་ཡོང），按上下文義推斷，應誤。

[97] **化現**　民族本作「蛇」（སྒྲུལ），按上下文義推斷，應誤。

[98] **見證**　民族本作「根」（དབང་པོ），按上下文義推斷，應誤。

[99] **起初**　拉寺本、民族本作「頭」（མགོ）。

附錄二

大慈恩譯經基金會簡介
與榮董名單

AMRITA TRANSLATION FOUNDATION

創設緣起

　　真如老師為弘揚清淨傳承教法，匯聚僧團中修學五部大論法要之僧人，於 2013 年底成立「月光國際譯經院」，參照古代漢、藏兩地之譯場，因應現況，制定譯場制度，對藏傳佛典進行全面性的漢譯與校註。

　　譯經院經過數年的運行，陸續翻譯出版道次第及五部大論相關譯著。同時也收集了大量漢、藏、梵文語系實體經典以及檔案，以資譯經。2018 年，真如老師宣布籌備譯經基金會，以贊助僧伽教育、譯師培訓、接續傳承、譯場運作、典藏經像、經典推廣。

　　2019 年，於加拿大正式成立非營利組織，命名為「大慈恩譯經基金會」，一以表志隨踵大慈恩三藏玄奘大師譯經之遺業；一以上日下常老和尚之藏文法名為大慈，基金會以大慈恩為名，永銘今後一切譯經事業，皆源自老和尚大慈之恩。英文名稱為「AMRITA TRANSLATION FOUNDATION」，意為不死甘露譯經基金會，以表佛語釋論等經典，是療吾等一切眾生生死重病的甘露妙藥。本會一切僧俗，將以種種轉譯的方式令諸眾生同沾甘露，以此作為永恆的使命。

　　就是現在，您與我們因緣際會。我們相信，您將與我們把臂共行，一同走向這段美妙的譯師之旅！

大慈恩譯經基金會官網網站：https://www.amrtf.org/

創始榮董名單

真如老師 楊哲優闔家 蕭丞莛 王名誼 釋如法 賴春長 江秀琴 張燈技 李麗雲 鄭鳳珠 鄭周 江合原 GWBI 蔡鴻儒 朱延均闔家 朱崴國際 康義輝 釋徹浩 釋如旭 陳悌錦 盧淑惠 陳麗瑛 劉美爵 邱國清 李月珠 劉鈴珠 楊林金寶 楊雪芬 施玉鈴 吳芬霞 徐金水 福泉資產管理顧問 王麒銘 王藝臻 王嘉賓 王建誠 陳秀仁 李榮芳 陳侯君 盧嬿竹 陳麗雲 張金平 楊炳南 宋淑雅 王淑均 陳玫圭 蔡欣儒 林素鐶 鄭芬芳 陳弘昌闔家 黃致文 蘇淑慧 魏榮展 何克灃 崔德霞 黃錦霞 楊淑涼 賴秋進 陳美貞 蕭仲凱 黃芷芸 陳劉鳳 楊耀陳 沈揚 曾月慧 吳紫蔚 張育銘 蘇國棟 闕月雲 蘇秀婷 劉素音 李凌娟 陶汶 周陳柳 林崑山閤家 韓麗鳳 蔡瑞鳳 陳銀雪 張秀雲 游陳溪闔家 蘇秀文 羅云彤 余順興 Huang,Yu Chi 闔家 林美伶 廖美子闔家 林珍珍 蕭陳麗宏 邱素敏 李翊民 李季翰 水陸法會 弟子 朱善本 顏明霞闔家 劉珈含闔家 蔡少華 李賽雲闔家 張航語闔家 詹益忠闔家 姚欣耿闔家 羅劍平闔家 李東明 釋性修 釋性祈 釋法謹 吳宜軒 陳美華 林郭喬鈴 洪麗玉 吳嬌娥 陳維金 陳秋惠 翁靖賀 邱重銘 李承慧 蕭誠佑 蔣岳樺 包雅軍 陳姿佑 陳宣廷 蕭麗芳 周麗芳 詹尤莉 陳淑媛 李永智 程莉闔家 蘇玉杰闔家 孫文利闔家 巴勇闔家 程紅林 闔家 黃榕闔家 劉予非闔家 章昶 王成靜 丁欽闔家 洪燕君 崔品寬闔家 鄭榆莉 彭卓 德鳴闔家 周圓海 鄒靜 劉紅君 潘紘 翁梅玉闔家 慧妙闔家 蔡金鑫闔家 慧祥闔家 駱國海 王文添闔家 翁春蘭 林廷諭 黃允聰 羅陳碧雪 黃水圳 黃裕民 羅兆鈴 黃彥傑 俞秋梅 黃美娥 蘇博聖 練雪溱 高麗玲 彭劉帶妹 彭鈺茹 吳松柏 彭金蘭 吳海勇 陳瑞秀 傅卓祥 王鵬翔

創始榮董名單

張曜楀闔家 鄧恩潮 蔡榮瑞 蔡佩君 陳碧鳳 吳曜宗 陳耀輝 李銘洲
鄭天爵 鄭充閭 吳海勇 鐘俊益邱秋俐 鄭淑文 黃彥傑闔家 任碧玉 任碧霞
廖紫岑 唐松章 陳贊鴻 張秋燕 釋清達 華月琴 鄭金指 練雪溱 林丕燦
張德義闔家 高麗玲闔家 嚴淑華闔家 郭甜闔家 賴春長闔家 馮精華闔家
簡李選闔家 黃麗卿闔家 劉美宏闔家鄭志峯闔家 紀素華 紀素玲 潘頻
余潘錫謀闔家 莊鎮光 鍾淳淵闔家 林碧惠闔家 陳依涵 黃芷芸 蔡淑筠
陳吳月香陳伯榮 褚麗鳳 釋性覽釋法邦 林春發 張健均 吳秀櫻 葉坤土
闔家 釋法將林立茱闔家 黃美燕 黃俊傑闔家 陳麗瑛 張俊梧楊淑伶
吳芬霞 邱金鳳 邱碧雲闔家 詹明雅 陳奕君 翁春蘭 舒子正 李玉瑩
楊淑瑜 張陳芳梅 徐不愛闔家 林江桂 簡素雲闔家 花春雄闔家 陳財發
王潘香闔家 鍾瑞月 謝錫祺張桂香闔家 李回源 沈佛生薛佩璋闔家
地涌景觀團隊 張景男闔家 李麗雲 張阿幼 古賴義裕闔家 蘇新任廖明科
闔家 鍾乙彤闔家張克勤 羅麗鴻 唐蜀蓉闔家 蔡明亨闔家 陳卉羚
楊智瑤闔家 林茂榮闔家 艾美廚衛有限公司 郭聰田 曾炎州 林猪闔家
張幸敏闔家 呂素惠闔家 林登財 李明珠 釋 暢歐又中闔家 李文雄闔家
吳信孝闔家 何庚燁 任玉明 游秀錦闔家 陳曉輝闔家 楊任徵闔家 洪桂枝
福智台南分苑 張修晟 黃霓華闔家 釋聞矚 李明霞闔家 林淑美 陳清木
張桂珠 張相平闔家 杜翠玉闔家 潘榮進闔家 陳仲全陳玉珠闔家
立長企業有限公司 林翠平闔家 張米闔家 林祚雄 陳懷谷闔家曾毓芬
陳昌裕闔家 釋清慈闔家 楊勝次闔家 蕭毅闔家

AMRITA
TRANSLATION FOUNDATION

AMRITA
TRANSLATION FOUNDATION

國家圖書館出版品預行編目(CIP)資料

宗義寶鬘 / 妙音笑.寶無畏王大師, 貢唐.寶教
　法炬大師造論；釋如法主譯. -- 初版. -- 臺
　北市：福智文化股份有限公司, 2022.12
　　面；　公分
　ISBN 978-626-95909-6-4(平裝)

　1. CST: 藏傳佛教　2. CST: 佛教修持

226.965　　　　　　　　　　111017051

宗義寶鬘

造　　　論	妙音笑・寶無畏王大師、貢唐・寶教法炬大師
總　　　監	真　如
主　　　譯	釋如法
主　　　校	釋性忠
審　　　義	釋性浩

責 任 編 輯	朱以彤、廖育君
文 字 校 對	王淑均、黃瑞美、江合原
美 術 設 計	吳詩涵
排　　　版	華漢電腦排版有限公司
印　　　刷	科樂印刷事業股份有限公司

出 版 者	福智文化股份有限公司
地　　　址	105407 台北市松山區八德路三段 212 號 9 樓
電　　　話	(02) 2577-0637
客服 Email	serve@bwpublish.com
官 方 網 站	https://www.bwpublish.com/
FB 粉絲專頁	https://www.facebook.com/BWpublish/

總 經 銷	時報文化出版企業股份有限公司
地　　　址	333019 桃園市龜山區萬壽路二段 351 號
電　　　話	(02) 2306-6600

出 版 日 期	2023 年 11 月　初版五刷
定　　　價	新台幣 360 元
I S B N	978-626-95909-6-4

本書所得用以支持經典譯註及佛法弘揚